NPO法人
ピープルデザイン研究所代表理事
須藤シンジ

意識をデザインする仕事

「福祉の常識」を覆す
ピープルデザインが目指すもの

CCCメディアハウス

はじめに

僕はデザイナーではない。

日本に住む、ひとりの父親にすぎない。そして、皆さんと同じように社会で働き、妻と3人の子どもたちと郊外のマンションに住む普通の職業人である。


この本には、「意識をデザインする仕事」というタイトルがついている。

デザイナーではない人間が、なぜデザインの本を書くのか。

それは、デザインとはモノをつくることだけではないからだ。最近、ソーシャルデザイン、コミュニティデザインという言葉をよく耳にするように、デザインの範疇《はんちゅう》は幅広く、社会やマチをつくっていくことも「デザイン」なのである。

そうした認識からすると、自分がやっていることは、人々の「意識」をデザインすることである。

その自覚を持ったのは、海外での講演やシンポジウムなどに招かれる機会が増えてきた頃のこと。彼らは「コンセプトデザイナー」とか「コンセプトメイカー」と僕のことを紹介してくれる。なるほどなと思った。新しいコンセプトをつくり出す仕事らしい。たしかに、自分がやっていることはそうかもしれない。オシャレな表現をしてくれるね！　と正直嬉しくなった。

言語学者には怒られてしまうかもしれないが、カタカナには固定概念を壊し、人をワクワクさせる力があると感じている。

でも、少しだけ違和感があった。

コンセプトをつくることがゴールではない。狙いはその先にある。

だから、コンセプトデザイナーと呼んでくれた諸外国の皆さんに感謝しつつ、「意識をデザインする仕事」と言ったほうが、より的確にいまの僕たちの活動を表すと考えたのである。

では「意識をデザインする仕事」とは、どんな仕事か。

最初に簡単に説明しておきたい。

僕たちが取り組んでいるプロジェクトを端的に言うと、

「社会的少数派・マイノリティを区別したりせず、自然に、自由に混ざり合っていることが当たり前の社会づくり」である。いわゆるダイバーシティの実現だ。

たとえば、いま、日本の人口の約6％は何らかの障害を有している。ハンディがあるために必要以上に福祉の空間に留められ、健常者と分かれて生活せざるを得ない状況が、この国では長く続いてきた。

僕は、この「分かれている」という状態が、障害者と健常者、双方の意識に見えない「バリア」をつくっていると考えている。そして、この「意識のバリア」がある限り、真の意味でのバリアフリー社会は実現できないだろうとも。

くしくも、2020年東京オリンピック・パラリンピックの開催に向けて、「心のバリアフリー」が社会的なキーワードになりつつある。ハード面のバリアフリー化はもちろん重要だが、障害者を特別扱いせず、困っていたらごく自然に手を差し伸べる文化が広まることが必要だと考え、「心のバリアフリー」を強調しているのだろう。

掲げるスローガンとしてはわかりやすいし、誰もが「そうだよね」と納得する。だが、それだけではダメだ。

問題は、どうやって心のバリアフリーを進めていくかである。

「で、どうするか?」のアクションプランが重要なのだ。

今日まで、僕たちが取り組んできたテーマはまさにそこにある。そのための手法として選んだのは、「ファッション」であり「スポーツ」であり、映画や音楽、各種イベントなどの「エンターテインメント」である。

いずれも、誰もがワクワクする、楽しい気持ちになれるコンテンツだ。

「音楽に国境はない」とよく言われる。

同様に、こうしたコンテンツは、ハンディがあるとかないとかの垣根を越えて、みんなが純粋に楽しめるもの。誰もがオシャレに着こなせるファッションがあれば、障害者も積極的にマチに出かけられるだろう。そして映画を観たり、買い物を楽しんだり、音楽を聴いたり……。ワクワクコンテンツを媒介にすれば、ごく「自然に混ざり合っていく行動」が生まれる。マイノリティとの接触頻度が上がり、「無知」が「知」に変わることで、その先に「心のバリアフリー」が実現する。僕はそう信じ、意識のバリアを壊す試みを続けている。

手がける領域は、最初は「モノ（商品）づくり」から始まった。そして、「コト（イベント・エンターテインメント）づくり」、「マチ（都市計画・地域活性）づくり」にまで広がり、最近は障害者の雇用創出と就労促進を目的とした「シゴト（職業体験）づくり」、そして「ヒト（人材育成）づくり」にも力を注いでいる。あれもこれもではないかと言われてしまうと思う。でも、そう。あれもこれもなのだ。

この本は、デザイナーではない人間が書いた本だ。したがって、デザイン論を語ることも、こんなデザインが人々のニーズに応えられるといったことを書くこともできない。

僕がこの本で語りたいこと。それは、マチや社会をデザインするのは、そこに住まう僕たち自身だということだ。そして、一人ひとりが意識をデザインする「当事者」として、また「主体者」として社会と向き合う中で、目の前に現れる社会の課題を解決していくべきだと伝えたい。

「社会のために何かしたい」と思っている人、特に若い人はこの意識が高い。でも、何をすればいいかわからない。そう立ち止まっている人も多いだろう。

まったく新しいことを始める必要はない。

いま、あなたが手にしているリソースをそのまま使えばいいのだ。

これまでに積んできた経験やスキル、それらの「知識」を、「恵み」に変えることは十分できる。

頭だけでなく、心と体を動かす「行為」「行動」で出力しよう。文字どおり、動くのだ。

おそらくあなたの行動が誰かに「恵み」をもたらすはずだ。「知恵」とはそういうことなのではないかと思う。

氷は際から溶けていく。

国でいえば、中央の為政者より、際で生きる市民がマチを、社会を、国をつくるのだ。社会や会社、誰かや何かに依存することなく、当事者として、主体者として社会にかかわろう。あなたの家族や大切な人たち、あるいはコミュニティとの関係において、あなた自身ができる方法で、気づいた課題を解決していこう。答えはひとつでなくていい。アプローチの仕方や選択肢は多ければ多いほどよい。「いままではこうだった」という「常識」に縛られずに働き、生きるのもよいと思う。本書が「仕事」や「人生」への向き合い方のケーススタディとして参考になれば幸いだ。

いまなお試行錯誤で日々模索している様子をつづった日記のようなこの本が、いま、社会の中でさまざまな悩みを抱えながら生きる人たち、中でも次世代を担う若い人たち、そして社会を変えていきたいと願う感性の持ち主の知恵の発動に役立てばこれほど嬉しいことはない。

●「障害」の表記について

本書では、「障害」と表記する。「障がい」とひらがなにしたり、「障碍」と表記する場合もある（ちなみに、2008年4月以降、行政文書が「障がい」と表記されている地方自治体もある）。「害」は「公害」「害虫」「害悪」の「害」であり、不適切だという理由からだ。また、「碍」は電源を遮断する「碍子」などで用いられるように、「カベ」という意味を持つ。社会が「カベ」を形成していること、当事者自らの中にも「カベ」に立ち向かうべき意識改革の課題があるとの観点から「碍」を使うべきだとの主張もある。一方で「碍」は常用漢字外であり、使用頻度が低く字義を理解する人は少ないため、使うべきではないという意見もある。さまざまな見解があるが、「がい」を使おうが「碍」を使おうが、根本的な問題の解決にはならない。むしろ、こうした過剰な差別表現規制ともいえる「言い換え」が、我々を問題の本質から遠ざけてきた。ゆえに本書ではあえて、「障害」と表記することとする。

●「障害者」の範囲について

本書で表現される「障害者」の障害種別と範囲について。周知の通り、障害の定義は、法に定める身体、知的、精神をはじめ、先天、後天、難病に由来するものなど、外側から見えるもの見えざるものも含め、多種多様である。本書で記述した「障害者」とは、我が子と、彼の誕生をきっかけに始めたさまざまな活動を通して、僕自身が接触した「障害」を持っている、あるいは「障害」を感じて生きていると思われる人々を指している。次男の幼少期は重度の、直近においては軽度の身体障害をもつ。本書はIQ40前後の知的障害者の「父親としての視点」にとどまり、現存する医学的な専門知識を担保するものではない。本書の目的は、その解説以外のところにあるという主旨をご理解いただければ幸いである。

（＊）2歳時点において重度脳性まひ／四肢まひ2級から始まり、18年後の現在、第2種身体障害者6級、知的障害B1のステイタスにある次男。

CHAPTER 01

CHAPTER 02

ピープルデザインをとおしたモノづくり

CHAPTER 05

ブックデザイン
ＡＤ　渡邊民人（タイプフェイス）
Ｄ　二ノ宮匡（タイプフェイス）

PEOPLE

プロローグ
「人生の時間」の発見

DESIGN

00

「Life Time」と題した活動初期のビジュアルをTシャツにしたもの

PEOPLE DESIGN

障害を持った子どもの父親として

次男の誕生が自分を変えた

僕はそもそも、流通系企業で宣伝や仕入れの仕事をするごく普通のサラリーマンだった。そんな自分がまさか「福祉」の領域で活動するようになるとは、その当時は思ってもみなかった。

もちろん、社会の重要な機能として福祉が存在し、社会的弱者といわれる人たちを支える役割を担っていることは理解しているつもりだったが、単なる傍観者でしかなかった。

それが、あることをきっかけに、一気に福祉の当事者となった。当事者として主体的にかかわる必要性が生まれたとき、はじめて「福祉」というものを自分事としてとらえるようになったのだ。

きっかけとは、18年前の1995年5月1日。

次男が脳性まひという障害を持って生まれてきたことがすべての始まりだった。

我が家には三人の息子がいる。長男はケン。次男はカズ。三男はダイだ。

カズはケンが2歳のときに生まれた。ケンは男の子らしいわんぱく坊主に育っていたから、次男が生まれたら、男の子同士でやんちゃしあって大変だろうな、などと漠然と想像していた。

しかし、実際はそうはいかなかった。

カズは臍帯《さいたい》（へその緒）が巻きつき、出生時仮死の状態で生まれ、産声をあげなかった。僕はその瞬間から何か将来問題があるだろうと感じ、医師に相談していた。

授乳のたびにチアノーゼになり、明らかに普通の赤ちゃんとは様子が違っていた。首の据わりも、お座りもずいぶん遅く、看護師の妻も将来を心配していた。

異常がわかったのは、10カ月検診のときだ。

「筋肉の緊張や、手の動きが脳性まひの動きに似ています。一度大きな病院で検査を受けたほうがいいでしょう」

そう指摘され、精密検査を行ったところ、発達遅延、内反足（足の変形）といった診断結果を聞かされた。その時点では、脳性まひとは言われなかったものの、病気を抱えていることには変わりはない。不安な日々が始まる。

決定的な宣告を受けたのは、カズが2歳のとき。〝重度身体障害者2級〟の脳性まひ（四肢まひ）と診断されたのだ。ありとあらゆる診察と検査の果てに。

「脳に萎縮が見られます。息子さんは一生ひとりで歩くことはできないかもしれません」

脳性まひ？　一生歩けない？　俺の子が障害者？　そんな……。うそだろう……。

頭の中が真っ白になった。一瞬にして世界は色を失い、すべての音が消えた。

「脳性まひそのものを治すことはできませんが、早いうちから機能回復のリハビリを続けることでまひ症状の悪化を防ぎ、発達を促進させることができます。今後、理学療法士を交えての機能回復訓練計画を立てていきましょう。障害者手帳の申請などの手続きも必要になります……」

医師は丁寧に説明を続けたが、あまりのショックに思考停止してしまい、そのあと、自分がどんな対応をして、家に帰ってきたかよく憶えていない。

僕も妻も、出生時から何かあると感じていたが、受け入れたくなかった。それが正直な心情だった。大丈夫、きっと成長する中でよくなっていくに違いない。そう信じていた。しかし、医師から「脳に萎縮がある」と言われ、もう否定はできないと一度は覚悟した。でも本当に現実を受け入れることができるまでにはさらに2年という時間を要した。

妻は、時として、同世代の赤ちゃんを見ると、我が子と比べてしまっていたという。僕たち夫婦は何度も何度も話し合い、時に口論になりながら、息子と家族の将来を模索していた。

言葉では明るくしめくくるも、夫婦の会話のあとは、いつも重たい気持ちになった。

この子の将来は、いったいどうなるんだろう。

いや、自分自身、障害を持った子どもの父親として、どうやって育てていけばいいのか。現実を受け入れると、次々と不安が襲ってきた。

そもそも、「脳性まひ」とはどんな病気なのか。この先、ずっとこの障害とつきあっていく以上、相手がどんなヤツなのかわからなければ、闘い方もわからない。まずは病気について徹底的に調べよう。

そう思い至ると、さっそく関連書籍をいくつか取り寄せ、片端から読み漁っていった。調べてみて、わかったことはこんなことだ。

脳性まひとは、出生前か出産時、あるいは出生後の早い時期に、何らかの原因で脳にダメージを受けたことで、手足やからだの動きが不自由になること。日本の場合、その発生率は、出生1000人に対して約2人だという。かなりの確率だ。

症状としては、運動発達の遅れが顕著。年齢相当の運動ができなくなる。具体的には、首が据わらない、座れない、ひとり立ちできない、歩けない、ものをつかんだりひねったりといった手の動作ができない、体の反り返りが強いなど。

成長すると、どうなるか。筋肉の緊張が強まり、手足がかたくなったり、突っ張ったり、自分の意思とは無関係に手足が動いてしまい、ねじるような動きをしたり、力が入りにくく不安定な状態になったりする。ものを飲み込んだり、言葉がうまく出なかったりすることも。重度の場合、視覚障害や聴力障害、てんかん、知的障害をともなうこともある……。

極めつけは、「現代の医学では根本的な治療法はない」といった文言。何を見ても、書かれていることは似たり寄ったりで、希望的なことはほとんど見当たらなかった。

しかし、僕は元来、スーパーがつくほどの楽天家だ。

医師から一生自立して生きていくことは難しいだろうと宣告されたに等しいにもかかわらず、本当にそうなのだろうか、という気がしていた。

相変わらず、お座りもできないままだったが、笑いかけると顔をくしゃくしゃにして笑みを浮かべる次男を見ているうちに、

「俺の子だぜ。そのうち、突然立ち上がって、自分で歩けるようになるんじゃないかな」

なんの根拠もなく、そんなことを家族に口にするようになっていた。

次男が生まれた年、僕は32歳。同じ時期、もうひとつ、人生で大きな壁にぶち当たっていた。

仕事である。

新卒で入社した会社は、首都圏を中心に店舗展開し、当時、若者ファッションに強い流通系の企業だった。広告宣伝の仕事を志望しての入社だったが、希望は叶わず販売からのスタートだった。紆余曲折を経て、ようやく宣伝部に配属されたのは28歳。5年越しの夢の実現であった。そこで僕は実績を重ねた。

好運にも同期入社組の中で最速の昇進試験を受ける機会を得た。ところが、2次試験通過後の役員面談の際、自社の経営方針を真っ向から否定するような発言をしたため、即刻

昇進は取り消し。それどころか、人事異動という名の左遷をつきつけられた。まるでテレビドラマのように。

「きみは歩けるんだよ」次男に言い続け……

大きな失望を抱きながら、異動先の店舗の売り場に通う毎日。次男が生まれたのは、そんなある日のことだった。

障害を抱えて一生生きていくハンディを背負った次男を前に、どんなに忙しくても、疲れていても、毎晩欠かさずしていたことがある。

横たわっているカズに向かって、頭の中で彼がマンションの階段を駆け上がっている姿をイメージしながら、こう言い続けたのだ。

「きみは絶対に歩けるんだよ」と。

そして、会社が休みで僕がたまたま自宅にいたときのこと。

ハイハイもできなかったカズが目の前で柵につかまりながら、自力で、グッと立ち上がったのだ！

目を見張っていると、ふらふらしているものの、そのまましばらく立っているではないか。

赤ちゃんが自分で立った瞬間、親なら誰しも大きな感動を覚えるだろう。僕も、長男や三男が立ち上がったときは、妻とふたりで大喜びしたものだ。

とはいえ、健康な赤ちゃんが成長とともに立てるようになるのは、ある意味自然なこと。子どもによって早い遅いの差はあっても、みんなが通る道である。

医師から脳性まひの告知を受けていた次男は、前提がまったく違う。自力で立ち上がったり、歩いたりすることのできないまま、一生を過ごすことになるかもしれない……。

そんな状況をくつがえして、立ち上がってくれたのだ。まるで、「きみは必ず歩ける」と言い続けた父親の信念に応えてくれるかのように。

うおぉーー!!　とうとう立ったぜ、やったね！

PEOPLE DESIGN

人生の主導権を獲得するために

自分にとって大切なものとは？

これまで、何の疑いもなく大学を卒業したら会社に就職するものだと考えていたし、毎日、朝から晩まで会社で働き、その対価として給料は毎月、自動的に振り込まれるものだと思ってきた。それが人生の大前提なのだと思い込んできた。

息子の大事な場面に偶然立ち会ったとき、毎月決まった日に給料をもらうかわりに、自分の人生の時間をコントロールする権利を会社に差し出してきたことに気がついた。

それでいいのか？

息子が立ち上がったとき、ただただ感動した。当たり前が当たり前になって目の前に現れたことに、ひたすら感謝した。

あんな体験をしたことが、会社員生活の中であっただろうか。

熱望していた宣伝部に異動できたときは、人生で最高潮の喜びだと思った。でも、そのとき、ただ一度きりだ。しかも、いまとなってはカズが自分の目の前で立ち上がってくれたことのほうが、喜びは何倍も大きい。

子どもたちはこれからもっともっと成長するだろう。今日、次男がひとつ大きな人生のハードルを乗り越えたように、長男も三男も、三人ともそれぞれのペースで、ひとつ、またひとつとできなかったことを可能にし、成長の階段をのぼっていくに違いない。

息子たちの人生の大きな節目となる大事な場面に、自分はできるだけ立ち会い続けたい。家族と一緒に過ごす時間をもっと大切にしたい――。

彼らの成長を、自分は〝目撃〟し続けたい。その喜びを家族でわかちあいたい。

そのためには何が必要か。

カネじゃない、時間だ。

家族と時を過ごすための「時間」こそ、自分にとって最も重要なもの。時間を思いどおりにコントロールするには、企業人以外の就労形態をとればよい。

すなわちそれは、会社を辞めて独立するということだ。そう思い至る。

息子が立ち上がったその年、僕は本社で婦人服のバイヤー職に携わっていた。不遇の販売担当時代から一徹に顧客主義を貫きとおした仕事ぶりを経営陣はずっと見ていてくれたのかもしれない。ようやく会社に認められ、その後、渋谷店副店長ポストに就くことができたとき、文字どおり出世か人生かを天秤にかけた。僕が選んだのは、人生であり、家族との時間だった。

当時会社は、我が家の事情を理解してくれ、そのうえさらに「管理職の昇級試験を受けろ」とも勧めてくれた。その誠意は身に染みるほどありがたかったが、自分と家族の時間をこの手でコントロールする権利を獲得するには、会社を辞める以外の道は思い浮かばなかった。

それでも、組織に長くいた自分にとって、そこから飛び出すのには勇気が必要だった。大企業に属することの心地よさ（依存と言ってもいい）や、肩書きや出世という社会的立場を守りたい保身、不確実とはいえ独立後の不安定さを考えると現状のままのほうがいいのではないか……。そんな葛藤もあったが、退職願を提出した途端に、不思議と吹っ切れた。

自分の時間を自分でコントロールするということは、人生の主導権を自分で握るということ。当然のことのように聞こえるかもしれないが、企業人はそれぞれが属している組織に自分の時間を預けていることに無自覚である場合が多い。かつての自分がそうであったように。自分の時間を預ける対価として給料という一時的な安心を担保として受け取るが、そのとき、人生の主導権は自分の手のうちにはない。

僕は、納得のいく人生が欲しかった。どうなるかわからないリスクも引き受けて、すべて自分で責任を負いたい。その後どんな結果が待っているにせよ、自分で考え、自分で決断したことには、納得できるはずだ。

そう考え、2000年夏、14年勤めた会社を退職した。長男ケン7歳、次男カズ5歳、三男ダイ3歳のときだった。

自分だけの「オリジナル」「強み」を持つ

こうして、自分の人生の時間を自分でマネジメントするようになり、気づいたことがある。それは、自分にしかない「オリジナリティ」、つまり「強み」を発見できたことだ。

企業に属していたときは、上から求められる成果を達成することがゴールだった。そこに向かってどう努力をするか、どんな方法・手段を使うかを考え、工夫することはあるものの、あくまでも目標は「与えられる」ものだった。

ある意味、それは楽なことでもある。

あらかじめゴールを設定されているので、向かうべき方向性、物事の判断基準や価値観はおのずと決まってくる。もちろん、高いハードルを課せられ、大きなプレッシャーをともなうこともあるが、何もないところから自分ですべてをマネジメントしなければならない負荷のほうが、当然のことながら不安や迷い、精神的な苦痛は大きい。

もちろん、どこに属していてもそこに安住せず、納得のいく人生を追い求め続けられる人もいるだろう。しかし、多くの人は「人生、こんなものだろう」と、いまあるシステムになんら疑問を持たず、模索するのをやめてしまう場合も多いのではないか。

「人生でいちばん大切なことは何だろう」「自分にとって幸せとは?」という根源的な問いを突き詰めて考え続けるのは、実はしんどい作業だからだ。

しかし、そうやって自分の価値観を練り上げていく作業をせずに、人や組織に委ねてしまった時点で、いつまでたっても自己の「オリジナリティ」を見出すことが難しくなっていくのではないだろうか。

「オリジナリティ」とは何か。

僕が考える「オリジナリティ」とは、自分がもっている専門性の重なり合いの部分だ。たとえば宣伝や仕入れのプロは多い。これらを専門分野としている大企業も存在している。しかし、宣伝と仕入れの両方のノウハウをもっている人材はぐっと減るはずだ。ましてやそこに店舗運営や事業開発スキルなどの専門性を兼ね備えた人はなかなかいない。そのように自分自身の「売れる」要素を「オリジナリティ」として解析していくのもよいだろう。

そして、家族との時間を最優先に生きるという生き方は、自分の時間を自分でマネジメントできなければ得られない。そのために、リスクを冒しても組織に属する生き方からは卒業すべきだと気づいた。退職、独立、楽ではない状況への突入。いま振り返れば、これが僕の「オリジナリティ」を発見するきっかけだったのだ。

誤解してほしくないのだが、決して、会社を辞めて独立せよと言っているわけではない。自分の人生は、自分自身でしかつくれないにもかかわらず、人生の主導権を自分で握れている人は意外に少ない。そして、そのことにどこかで気づきながら、やり過ごしている現状に対して、一度、しっかり考えてみてはどうかと提案したいのだ。

自分にとって、納得のいく選択とはどんなものか。考えてみても、簡単に答えが出るものではない。だから、考えない理由を自ら探し始めてしまうのだ。自分以外の誰かに人生の価値判断を委ねたり、全体に流れている「なんとなくこれでいい」という雰囲気に納得するほうが楽だからだ。

しかし、心の底から納得しているわけでないから、違和感を抱きながら日々を送ることになる。実は、この違和感にこそ、自己の「オリジナリティ」と人生の可能性を見つけるヒントがあるのではないだろうかと僕は思う。

僕たちはいま、どんな大手企業の正社員であっても安泰とは言えない時代に生きている。だからこそ、その違和感から目をそらさず、自分のオリジナリティ、つまり軸となるものをできるだけ早く見つけておくことが大事なのだ。組織に所属し続けるほうが得策か、独立したほうがいいかは、軸さえ見つかれば、おのずと答えは出るだろう。

少々脱線したが、退職時のことに話を戻すと、特に具体的なプランがあったわけではない。しかし、次男が障害を持って生まれたことをきっかけに、将来、自分が取り組むべきテーマをおぼろげながらに感じていた。

彼をきっかけに知った日本の福祉。その福祉の現状にまつわる、さまざまな疑問。それまで、傍観者でしかなかった福祉を自分事としてとらえたとき、この領域には解決すべき課題がたくさんあると感じた。

最初に気づいたのが、「意識のバリア」の存在だった。

PEOPLE

「ピープルデザイン」が生まれるまで

DESIGN

01

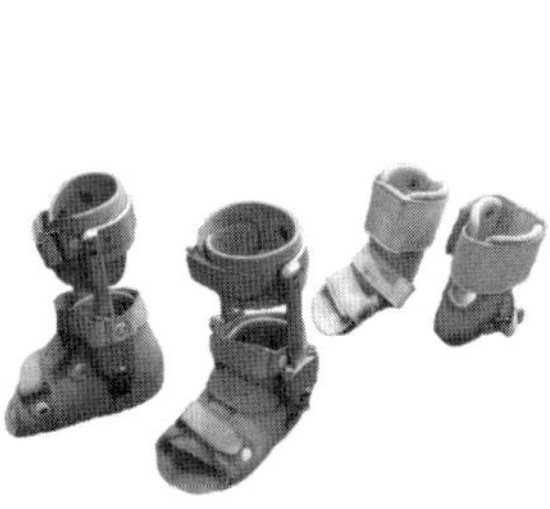

次男カズが子どもの頃に実際に使用していた装具

PEOPLE DESIGN

「意識のバリア」という社会課題の発見

ひとつの疑問から始まった

皆さんは普段、心身に障害を持った人たちの存在を意識することはあまりないだろう。接する機会が少ない状況では、彼らの存在に思いをめぐらせることがないのは当然だ。

そこで、想像力をはたらかせてもらうために、ちょっとした質問をしたい。

「佐藤、鈴木、高橋、田中という苗字の友人がいる人はいますか?」

おそらくほぼ全員の方が手を挙げるだろう。

もうひとつ、質問。

「では、障害者といわれる友人がいる人はいますか?」

どうだろう。たぶん、一気に数が減るのではないだろうか。実際、講演などの機会で、集まった人たちに同じ質問を投げかけてみるが、いつも結果は同じ。最初に挙がっていた多数の手のほとんどがスッと下りてしまう。

最初に挙げた4つの苗字は、「日本でいちばん多い苗字ベスト4」で、およそ660万人いるとされている（2013年12月、明治安田生命調べ）。これに対し、日本で障害者といわれる人の数は、およそ741万人（内閣府「障害者白書」2013年度版より）。これは、日本の人口の約6％にあたり、学校のクラスでいうと、ひとつの教室に2人程度の割合で何らかの障害を持った子がいることになる。

しかし日本では、障害のある人と健常者との接点はほとんどないのが実状だ。

僕自身、次男が生まれるまで障害者の友だちはひとりもいなかったし、身近に接することもなかった。そして、そのことを疑問に思うことも、とりたてて意識することもないまま、32歳まで生きてきた。

ハンディキャップを持った人が人口の約6％も存在する国で、その人たちとほとんど接触せずに過ごしている。自分たちははたしてこれでよいのだろうか。

福祉の行政サービスを受ける当事者として、脳性まひの次男の将来を考え、彼とともにリハビリに通う日々の中で、そんな疑問がわいてきた。

障害児の父になってみて改めて感じたのは、「日本では健常者といわれる元気な人たちと、障害者といわれるハンディキャップを持った人たちが常に分かれている状態にある」ということだ。

日本の教育現場では、一般クラスと障害者クラスは分けられ、互いに接することは極めて少ない。僕が子どもの頃は、障害者クラスは「特殊学級」と呼ばれていた。現在は「特別支援学級」と呼称こそやわらかい表現になったが、離され、分かれていることには変わりはない。

障害のある子は、特別支援学級や特別支援学校に通い、障害児だけを対象とした教育を受けて育つ。そこには健常児は含まれていない。

そのこと自体、僕は「悪いこと」だとは思わない。

でも、自分の子どもを小学校や中学校に進ませるときに、ちょっと考えてしまった。

段差をなくせばバリアフリーなのか

そもそも障害児と健常児を分離して教育する理由は何か。

障害のある子は、健常児と比べて、できることが限られていたり、できなかったり、とても時間がかかったりする。常に目を配っていないと危険な場面に遭うかもしれない。だから健常児とは違った特別な支援・保護が必要で、彼らを守るために教育の場を分けているのだ——。

たしかに、至極真っ当に思える。よくできたシステムのように見える。

だが、同年代の仲間たちよりも、大人と長い時間を一緒に過ごしながら成長していく環境というのは、本人にとってどうなのだろう。また、健常児たちに対しては、「分かれて過ごす」障害児の存在は「自分たちとは異なるもの」という刷り込みがなされる。僕は、それがいいとは到底思えなかった。

また、法律が制定された背景にも暗い歴史が横たわる。

1948年の「優生保護法」（病気や障害のある子どもの出生を防止し、母体の健康を保護することを目的に、人工妊娠中絶などを規定していた法律）から、優生思想にもとづく部分を削除した1996年の「母体保護法」に至るまで、障害者は、「社会のお荷物」であり、法的には「人間」として扱われていなかったと見てとれる。

マチの中を見渡してみても、疑問は尽きない。

日本はバリアフリー化が進み、都心部の歩道にでこぼこは少ないし、あらゆるところにエレベーターやエスカレーターが設置されている。

1994年に制定された「ハートビル法」(ビルやホテル、飲食店などの公共性の高い建築物を対象に高齢者や障害者などが利用しやすいように段差や階段を解消することを目指す法律)や、2000年に施行された「交通バリアフリー法」(現在は「ハートビル法」とあわせて「バリアフリー新法」に統合、駅や空港、バスなどの公共交通機関を対象にバリアフリー化を推進する法律)など、法整備がなされ、莫大なコストと税金を投下して、物理的な段差をなくそうという動きが強力に進められているのは周知の通りだ。

加えて、障害者や高齢者に対する行政の福祉サービスも充実が図られてきた。

こう書き連ねてみると、一見、高齢者や障害者に〝やさしい国〟のように見える。

でも、本当にそうだろうか。

たとえば、車いすの人が電車に乗るシーンを思い浮かべてみてほしい。日本では駅員さんが数人がかりで乗車を手伝っている光景をよく見かける。手厚いサービスともいえるが、車いすの人にとってみれば、係員がいなければ電車にもバスにも乗れない空気をつくり出している。

ひるがえって海外はどうだろう。たとえばヨーロッパ。僕は仕事や旅行で頻繁にEU諸国など石畳の美しい都市を訪問している。

石畳は景観的には風情があって素晴らしいが、車いすの人や足の不自由なお年寄りにとっては、でこぼこした段差は障壁でしかない。

それでも、EU諸国のほとんどはすべての道路を平らにしようなどとは考えていない。むしろ、コストと手間をかけて、歴史ある石畳を残していこうとしている。

そして何より素晴らしいのは、車いすの人も、お年寄りもひとりで平気でマチへ出てくることだ。乗り物に乗るときは、近くに居合わせた人たちが、「手伝いますよ。ちょっときみ、そっち持って」などと声をかけあってサポートするのが、ごく自然で、当たり前のことだからだ。

心に潜むスティグマ

この差はいったいなんなのだろう。

日本では、健常者が生きている空間を「オンステージ」とし、障害者などのマイノリティ（社会的少数派）が存在する領域は「オフステージ」であるかのような意識が、潜在的にあるような気がしてならない。

マジョリティ（社会的多数派）である健常者と、マイノリティである障害者が分かれている現状の社会では、障害者のことを特別視してしまいがちだ。「かわいそう」「気の毒」「不憫《ふびん》」……そんなふうに感じてしまう、あるいは、どう接していいかわからないと感じる人もいるだろう。

そして、駅員さんが3人がかりで車いすの乗客を電車に乗せている場面に出くわすと、僕たちの心に、こんな気持ちがわいてくる。

「困っている人がいるけれど、それは駅員さんの仕事であって自分がするべきことじゃない」

または「断られたらどうしよう」「手伝って何かあったらどうしよう」と無意識のうちに転ばぬ先の杖をついてしまうのだ。

こうした感覚。心のしこりのような、できれば自分が「そちら側」に行きたくないという感覚を「スティグマ」という。

一方、ハンディキャップを抱えている人のほうも、「ちゃんと電車に乗れるだろうか」とか「ジロジロ見られたくない」などネガティブになりがちなのも事実のようだ。当然のことながら、外出することを「恐怖」に感じてしまう感覚。これも同じ「スティグマ」だ。

健常者も、障害者も双方が抱えている「スティグマ」。これこそが、互いにほとんど接触することなく、オンステージとオフステージに分かれて暮らすという習慣や文化から生まれた「バリア」なのではないか。

今日、ダイバーシティ（人種、性別、障害などにかかわらず共生する多様な社会の実現）、インクルージョン（誰もが平等に教育や社会参加の機会を得られることを目指す取り組み）といった社会における意識の形成は、世界的な潮流である。ある時期から、日本でも前述したハートビル法や交通バリアフリー法が施行されたのは、かつてのノーマライゼーションの流れを受けてのことであろう。周知の通り、バリアフリーやユニバーサルデザインという言葉もすでに広く国内に浸透している。

しかし、僕たちは大事なことを見落としているのではないだろうか。

建物や道路の段差など物理的なバリアよりも、僕たちの心の中にある「意識のバリア」のほうが、はるかに根が深く、実は大きな社会課題なのではないか。

それが、障害児の父親になった僕の最初の気づきだった。

PEOPLE DESIGN

「社会を変えたい」なら、自分が動く

どんな未来がほしいのか

僕は次男が成長したときのことを想像してみた。

障害児の彼は、未成年のうちは親や兄弟の力を借りながら生活することができる。しかし、成人する頃には、間違いなく彼ひとりで生きていかなければならない時間と空間が存在するだろう。

彼がひとりでスーパーマーケットに行き、電車やバスに乗るという場面がいずれやってくる。そこでサポートが必要になったとき、専門のサポーターやヘルパーさん以外の、その場に居合わせた人たちが「どうしましたか?」「手伝いましょうか?」と気軽に手を差し伸べてくれる世の中が実現してさえいれば、おそらく彼はひとりで自立して生きていけるのではないか。

なにもこれは次男だけの問題ではない。

互いが自然と混ざり合い、偏見なくコミュニケーションができて、困ったときには助け合える社会を実現するには、まず、僕たちの中にある「意識のバリア」を壊す必要がある。

障害を持った息子がひとりで自立して生きていくのに必要なのは、段差などのハードのバリアを取り払うことよりも、みんなのハートのバリアをフリーにすること。

これこそが、誰もが生きやすい日本をつくる切り口になり得るのではないか——。

そんなふうに思った。

では、どうするかだ。

僕はどこにでもいるごくフツーのサラリーマンだった。カネもなければ、コネもなく、社会的影響力もない、いわゆる市井の人間だ。そんな自分に何ができるか。

会社員時代は、億単位の金が動く大きなイベントを企画したり、テレビ番組の制作に携わったり、新店舗の立ち上げにかかわり、世界のトップメーカーやデザイナーたちとタッグを組んでビジネスを展開したりした。どのプロジェクトをとっても、かけがえのない貴重な経験だったが、会社を辞め独立した時点においては、会社で得た人脈やコネクションは一切使わないと決めていた。それらは会社に勤めていたからこそ得ることができた会社の資産であり、それを使って新しいことを始めるのは何か違うと考えていた。

だから、純粋に自分のものだといえる武器は、宣伝や広告、バイヤー、イベント企画、店舗デザイン、それに仕入れや売り場づくり、事業開発など、14年間の会社員人生で蓄積してきたビジネスノウハウだけだったのである。

でも、ちょっと待てよ。

ファッションやデザイン、スポーツ、エンターテインメントといったコンテンツは、若い世代との親和性が高い。

そうだ、自分がこれまで携わってきたビジネスノウハウを活用し、若者たちに向かって「意識のバリアを壊していこうぜ」というメッセージを届けることができるのではないだろうか。

社会問題の解決、と言ってしまうと、いきなりハードルが高くなるが、あくまでも、自分の得意とするフィールドで表現し、展開することができるのではないか。

そう思い至った瞬間、頭の中で、自分が人生をかけて取り組みたい、取り組む価値のあるテーマを見つけた気がした。

閉ざされた「福祉」という世界

次男カズを地元の保育園に預けたのは、11カ月のとき。10カ月検診で発達遅延が見られるなど指摘されてはいたものの、まだ脳性まひと診断されていないときだったため、それほど問題なく受け入れてもらえたのはありがたかった。

ホッと安心したのもつかの間、医師から「7歳までにどれだけ訓練するかが大きく影響します」と言われたのだ。そのため、看護師の妻は常勤からパートタイムに勤務形態を変え、リハビリを最大限に受けられるようなサポート体制を整えた。

僕たちは次男を連れて、機能訓練のためのリハビリセンターや地域の療育センター、大学病院などを定期的に訪れ、言葉や運動機能の訓練を行い始めた。

そこで、これまであまり接することのなかった「福祉」という世界をさらに知ることになる。

「意識のバリアを壊そう」と言うと、なんだかカッコよく聞こえるかもしれないが、いまの社会システムに落とし込むと、僕が挑戦していこうと決めた土俵は、いわゆる「福祉」の世界だ。

公的扶助やサービスの充足ならびに安定、または高齢者や障害者、生活保護が必要な人など、社会的弱者といわれる人たちをサポートするための制度やサービスのことを総括して「福祉」と呼んでいる。

次男の誕生をきっかけに、予期せずして自分自身が福祉のサービスを受ける側に立ったとき、その第一印象は「地味」で「暗い」だった。そんなイメージが強かった。そして、その印象は知るほどに強まっていった。

たとえば、地域の保育園や福祉関連の施設では運営資金を補うため、たびたびバザーを開催していた。僕は退職時期を挟んで5年ほど参加していたが、当時は中元歳暮の残り物か、手に取るのもはばかられるような縫い物や編み物……。正直、買う人がいるのだろうか？ というものばかりだった。

そこで知り合いのアパレル会社に協力してもらい、廃棄処分する予定だった商品を譲っていただき、それをバザーに出品した。家族総出で汗をかき、5万円以上の売上げを確保した。少しは運営資金の足しになっただろうかと思って聞けば、「これまでの最高額です」と言う。体育館などに所狭しと並べられた品々の1日の売上総額が2万〜3万円だというのだ。バザーには毎回、たくさんの人が参加していたように見えたので、驚いてしまった。

福祉に携わる人たちは一生懸命で、人の役に立ちたいと純粋に取り組んでいる人が多かった。その苦労をものともせず、無報酬で頑張っているボランティアも多い。みんないいことをしているのに、そこはなぜかとても地味で、閉ざされた世界のように感じてしまった。

この閉塞感はいったい何なんだろう……。バザーに参加したり、ボランティアで障害のある子たちの送り迎えを手伝ったりして、福祉従事者や、そのサービスを受ける側の家族の人たちと接する中で、そのもやもやとした疑問は広がるばかりだった。

福祉の世界で活躍する人たちは、社会のため、人のために役立つことをしているのだから、もっと脚光を浴びていいはず。福祉サービスを受ける僕たちの側だって、別に社会に対して負い目を感じる必要はないはずなのに、福祉的な行為でお金を稼いではいけないとでもいうような、どこか後ろめたさに近い感覚をみんな抱えているように見える……。

そうか、意識のバリアは健常者や障害者本人だけでなく、福祉従事者や障害を抱えている人の家族の中にもあって、いろんなことを阻んで苦しめているのかもしれない……。このままでは、いくら制度が整い、ハード面で物理的にフリーになったとしても、根本的な解決に至らないのではないか？

当時、職業人として身につけたスキルを活用して、意識のバリアを壊していくための活動をしようと考え始めていた背景には、それまで考えもしなかった、こうした福祉をとりまくいくつもの状況や担い手に対する「?」があったのである。

傍観者ではいたくない

社会にとって重要な役割を担っている福祉の人たちが報われているようには見えない現状に対して、自分ができることはないだろうか。そんなことも漠然と思いながら、会社員時代にお世話になった人たちに退職のご挨拶まわりもあらかた済ませた頃、思いがけず仕事の依頼が舞い込んできた。

大手商社の子会社から、商品企画や販売促進などの仕事を月30万円で発注したいとの内容だった。会社を辞めたばかりで、なんの当てもない僕にとって、毎月決まった収入が見込めるのは非常にありがたく、二つ返事で引き受けることにした。

この契約を足がかりに、退職金を使って有限会社フジヤマストアを設立。2000年の当時、SOHO(スモールオフィス・ホームオフィス)が流行っていて、僕も最初は実家の4畳半ひと部屋にデスクとPCを置き、そこを本店登記してひとりで起業した。

社名は、日本の象徴である「富士山」から拝借し、MADE IN JAPAN の発想で世界に向けてノウハウや知財といったかたちなきものを売る「小売業」を目指そう、というコンセプトから「フジヤマストア」と名づけた。

そして、会社員時代に培ってきたノウハウを活かし、マーケティングのコンサルティングと広告代理業務をおもな仕事としてスタートさせた。正直に言えば、仕入れにコストを必要とせず、体ひとつで始められる職種がそれだった。

さまざまな業態の新規事業や新ブランドの日本導入などをディレクションしたり、企画・運営を手がけた。その一方で、いつも頭の中では「福祉の現状を何とかしなければ、次男が幸せに生きられる未来は描けない。ならば、自分で福祉と社会のありようを変えていきたい」という思いがあった。しかも、自分と家族にかかわる問題は、現在の福祉にまつわるさまざまな課題であり、社会的な問題と一致しているように思えた。そう気づいたとき、「自分自身の問題」から「社会の問題」に変わったのだ。

こうした場面は、誰しも人生のどこかでぶつかるときがあるのではないだろうか。

たとえば、小さい子どもがいるお母さんが、自分の地域の保育園が常に待機児童でいっぱいで入園できない状態がずっと続いていたとする。子どもを預けなければ働くことができない。慢性的な待機児童問題を解決するには、いったいどうしたらいいのだろう……。

多くの同じ立場のお母さんは、こんな疑問を感じるに違いない。「これは社会の問題だから、行政や保育にかかわる人たちがなんとかすべき。私は関係ない」と思うか、「これは社会の問題だけど、自分の家族にも影響する課題だ。だから、自分ができることはないか考えてみよう」と能動的になれるかどうか。

僕はどちらが正しいかとか、どうすべきかということを問いたいわけではない。

ただ、自分の望まない状況が目の前にあったとき、選択肢は3つある。自分は何も動かず、現状を嘆いたり不満を言ってやりすごす傍観者でいるか。希望する状況が整っている理想の場所へ移動するか。自分が思い描く理想のかたちを目指して、自分で行動を起こすか。

僕は、変わらないことを嘆くよりも、ないかもしれない理想郷を探すよりも、自分で挑戦して試してみたい。それで変わるかどうかはわからないけれど、いまの社会システムの中で生活し、与えられた行政サービスを受けている以上、それらの綻びや矛盾は、自分事として解決に向けた努力をしていきたいのだ。

そんな意識を持ちながら、小さいながらも「会社」という乗り物を僕は得た。この乗り物を使って福祉の世界に新しい風を吹き込むことはできないだろうかと、模索を始めたのである。

PEOPLE DESIGN

「次なる潮流《Next tide》」をつくるために

息子が履けるカッコイイ靴がない！

2000年にフジヤマストアを立ち上げ、最初の1、2年はコンサルティングやマーケティング、企画などの仕事に追われる日々が続いた。とはいえ、土日祝日に加えて、家族との時間を最大限に確保した。土日祝日、人が休んでいるときに働いていたサラリーマン時代に比べると、あまりに休日が多いのに改めて驚かされた。それに加えて夏と冬、そして春休みは子どもたちの休日に合わせ、1カ月以上の休暇をとったりもした。次男の出生3年後に生まれた三男も加わり、海、山、川、国内から海外までありとあらゆる場所と季節を家族で堪能していた。

その頃、次男は公立の小学校に入学し、健常児とはほとんど交わることのない特別支援学級に通い始めていた。一生歩けないかもしれないといわれていた彼が、3歳になる前に立ち上がってから、壮絶なリハビリの甲斐があってか、その成長ぶりはめざましく、学校までの数百メートルをひとりで歩いて通っていけるまでになっていた。ただ、両足にはターミネーターのようなフレームや、見るも痛々しいさまざまな装具を着けなくてはならない状況は変わらなかった。成長に合わせて大学病院や療育センターを何度も何度も行ったり来たりしながら、高額な装具をつくり直してきた。

四肢にまひがある次男。履く靴は、下肢障害者専用につくられたものを履くしか選択肢が当時はなかったのだ。地域の療育センターには、障害者向けの靴をオーダーメードしてくれる装具士さんがいて、足の型を石膏でとり、時間と手間をかけて左右の足に合わせてつくった靴が中敷きとセットで数万円だった。毎回、内履き用、外履き用の2セットをつくる。負担する金額は、所得によって異なり、低額所得の世帯は補助金で全額負担されるしくみになっていた。僕たちの場合は、7割が保険でカバーされ、負担は3割だったが、それでも万の単位で靴の出費は続いた。

なによりもデザインが……。靴ひもを結んだり解いたりすることが困難な障害者向けの靴は、ほぼ100%ひもの代わりにベルクロというマジックテープのような面ファスナーが使われている。障害者の履いている靴はほとんどこのタイプだ。

ひと言でいうと、「ダサイ」。

障害があっても、みんなと同じようにおしゃれを楽しみたいと思うもの。スニーカーだったら、ナイキやアディダス、ニューバランスなど、クールなデザインのスニーカーを履いてマチに出たいが、彼らが履ける靴はない。だから、次男も最初は仕方なしに、〝障害者シューズ〟を履いていた。

しかし、よくよくその靴の構造を確認してみると、中敷きにブリッジが利いていて、足首をホールドすることさえできれば、普通の靴でもいいのでは？　と気づき、子ども用のバスケットシューズを買い求め、それを装具士さんのところに持っていき、ひもが結べないのでベルクロに付け替えてもらっていた。これも非常にコストがかかる。靴そのものは数千円なのに、いろいろマイナーチェンジしているうちに、1回約6万円にもなってしまったこともあった。振り返ってみると、この3年間で次男の靴代だけで数十万円使っているよな……、とハタと気づく。

次男のように四肢にまひがあっても、なんとか自分で歩くことができるレベルであれば、はっきりブリッジのある中敷きの入ったホールド性の高いハイカットで、なおかつひもを結ばずに履ける靴があればいいはず。しかし、現状のマーケットにはそんな靴は存在しない。なぜなら、売れないからだ。ならば、そういう靴が売れる靴としてセレクトショップなどオシャレな店に並んでいれば、一般のユーザーが手にとってくれるはず。そう考えた。

外見からは、およそ障害者向けの配慮があるなどとは思えない、ファッション性の高いカッコいいデザインのスニーカー。そんな靴があれば、療育センターで毎回数万円もする靴を何カ月も待ってオーダーメイドするより、原宿や渋谷など若者ファッションのマチに買い物に出かけるほうが絶対に楽しい。経済的にも助かる。なにより、マチの中で障害者と健常者が自然と混ざり合えるのがいい。

そんな混ざり合いの風景を思い描き、意気揚々と名だたるスポーツメーカーの門をたたくが、プレゼンがなかなか通らない。「社会性の高い意義ある企画ですね」「大事なことですよね」などと、理解は示してもらえるものの、具体的な話にたどりつかないまま終わってしまう。「検討します」と言って、その後まったく連絡が来ないというケースがほとんどだった。

そんな中、関心を示してくれたのがアシックスだった。プレゼンに行ってから2年近くたっていたが、そのときの書類をまったく違う企画担当者が見て、連絡をくれたのである。

若い世代からその先の世代へ

障害者と健常者の垣根を取り払った、まったく新しいスニーカーを各社に提案する一方で、僕はこの活動には長い時間がかかることを自覚していた。それは、長い期間の活動費をどう捻出するかと同義だった。

そこで思いついたのが、ブランドビジネスのロイヤリティを獲得するビジネススキームである。僕は自らの初期投資を軽くしつつ、参加してもらう企業の売上げの向上策や宣伝コストを下げるための企画構築に毎晩頭を悩ませていた。他力に頼る以上、参加してもらう企業の利益をどう証明するかがポイントだった。サラリーマン時代もそうしていたように、まずはターゲットを明確に整理するところから始めた。

ファッションやデザインは、あくまでも手段であり、目的は「障害者と健常者が混ざり合っているのが当たり前の社会」の実現にある。いわゆるダイバーシティだ。意識のバリアを壊して、障害のあるなしに関係なく、みんなが同じオンステージでふれあい、コミュニケートしている状況をつくるのに、まずは固定概念にとらわれることの少ない若い世代にメッセージを届けようと思った。

健常者の若者には、マチで困っている人を見かけたら、モジモジしていないで手を貸そう、「お手伝いしましょうか？」と気軽に声をかけられるイケてる大人になろうぜ、というメッセージを。

ハンディを抱えた若者に対しては、きみの抱えている困難はわかる。自宅や福祉センターなど安心できる場所に留まっていたほうが快適だよね。でも、勇気をふるってマチに出てみようよ。ファッションも映画も楽しいことがたくさんあるぜ！ と。

そうした価値観を、20～30代の若い人たちと共有できたら、彼らが子どもを産み育てるときに、きっとその先の世代にあたる自分の子に同じことを伝えていくに違いない。

これまでに日本社会で価値観を固定された、自分も含めた年配の方々との議論を深めるよりも、これから社会を担う世代に対して、新しく価値観を伝えていく方法を選ぶことが、結果としての速さを担保するのではないかと思ったのだ。

20～30代の若者が興味を持って耳を傾けるメディア（媒体）は何か、チャネル（販路）はどこか。しかも、障害者がマチに出てきたときに、自然とサポートができる空間がほしい。

そう考えたときに、すぐに思い浮かんだのがファッションだった。オシャレに関心が高いのが若い世代の特性でもある。たいていの若者は、少なくとも春夏シーズンと秋冬シーズンの年2回以上は何かしらのファッションに接触するだろう。

その当時、若者を夢中にさせていたファッションシーンは、セレクトショップにあった。ちょうど、ＢＥＡＭＳ、ＳＨＩＰＳ、ＵＮＩＴＥＤ　ＡＲＲＯＷＳといった名だたるセレクトショップが全国展開を加速し始めた頃である。

これらのセレクトショップで、若者たちに「カッコイイ！」、あるいは「カワイイ！」と言ってもらえるファッションアイテムをメッセンジャーの位置づけで展開したい。そのためには、バイヤーに買い付けてもらえる商品をつくらなければならない。実績も知名度もない僕たちの商品を人気店のバイヤーがどうしたら買い付けてくれるか……。

方法はひとつしかない。彼らが憧れるクリエーターやデザイナーから生み出されるクリエーションを用意してプレゼンすることだ。

最高にクールなデザインを求めて

１９９０年代後半からはファッション界の世代交代が進み、デザイナーズブランドより裏原宿に代表されるようなストリート系がトレンドだった時代でもあった。ＮＩＧＯ、藤原ヒロシ、高橋盾といったカリスマクリエーターが流行を引っ張っていた。

そんな中、僕が注目したのは、当時すでに世界的なクリエーターでニューヨークを中心に活動していたジェフ・ステープル（Jeff Staple）だ。当時20代半ばの彼は、「デザインを通じてコミュニケーションをする」というコンセプトを掲げ、諸外国のさまざまなジャンルで才能を発揮していた。

サラリーマン時代から彼の活動を興味深くチェックしていて、デザインをコミュニケーションの手段と考えるようなクリエーターなのだから、きっと僕の事業に共感してもらえるに違いないと思ったのだ。

そんな中、タイミングよくある商社の仕事を通じてジェフに接触する機会がやってきた。僕は、商社から依頼されていたミッションをきっちり果たし終えたあとで、ニューヨークのロウアー・イーストサイドにある彼のオフィスを訪ね、自分の事業モデルについて説明を始めた。

「アメリカはいろんな人種や個性が混ざり合っているのが当たり前だよね。でも、日本はそうじゃない。特に、障害者と健常者は子どものときからずっと分けられてきたから、お互いをよく知らないまま、知らず知らずのうちに意識のバリアができてしまったように思うんだ。

だから、健常者は障害者になかなか声をかけられない。どうやって手を貸せばいいかわからないんだよね。白い杖をつきながら探り探り歩いている人や、四肢に障害があって、車いすで人混みの中をかき分けながら前に進んでいる人を見ると、『かわいそうな人』と思うだけで終わってしまうんだよね。

そんな同情心や特別視を打ち破りたい。僕はそれを『意識のバリアフリー』と言ってるんだけど、そこでファッションやデザインが及ぼす力を活用したいと考えているんだ。僕はこれから、ファッションというジャンルを通じて、意識のバリアフリーというメッセージを次世代に対して届けていくプロジェクトをやろうと思っている。そこで、ぜひきみに協力してもらいたいのだけれど、どうかな？」

1時間以上いつもの調子で熱く自分のプランを語っている間、いくつかの質問をはさみ、うなずきながら聞いていたジェフは、にっこり笑って「ＯＫ」とその場で快諾してくれた。

「とってもユニークなアプローチだね。僕のデザインが、人々の気づきのきっかけになれば嬉しいよ。まさに、Make people think. だね。それは僕自身の活動指針でもあるんだ」

僕たちはがっちり握手をかわし、ジェフが知っている「世界のクリエーターたちを紹介してもらう」という約束までとりつけることに成功。その後何回かの商談を経てビジネスとしての契約を取り交わすことになる。

このタイミングで、独立と同時に起業したコンサルティング会社であるフジヤマストアとは別に、２００２年、もうひとつの会社を立ち上げた。

ファッションやデザインの視点から、これまでの「福祉」の概念を超えて、次の潮流を

NexTideVOLUTION

初代クリエイティブディレクターのジェフ・ステイプルがデザインしたアイコンに加え、Blood Tube Inc. が混ざり合いを連想させる書体とレイアウトを起案

つくっていくという意思を込め、社名にはnext（次の）tide（潮流）、そしてevolution（進化・発展）を掛け合わせた造語「Nextidevolution」（ネクスタイド・エヴォリューション。通称ネクスタイド）をそのまま社名にあてた。「ソーシャルプロジェクト」と冠したブランドが誕生したのだ。

一人ひとりが、そして地球がメッセージを発している形状をモチーフにしたロゴマークは、ジェフが自ら手がけてくれた。

PEOPLE DESIGN

福祉の概念を打ち破る新しいビジネス

「意識をデザインする」ということ

Make people think.「人々を考えさせる」

ジェフが言ってくれたように、ネクスタイドでやろうとしたことは、単なるファッションブランド事業ではなかった。次世代を担う若者たちがクールだと感じられるファッションやデザインの力で、僕たちの中に潜む意識のバリアを壊してしまおうというソーシャルなプロジェクトなのだ。従来の固定観念を取り払い、「マイノリティが当たり前に混ざっている」という新しい風景を創造するこの試みは、まさにMake people think.

主語にくるのは「design」だ。ちょっとエラそうな感じもしないでもないが、やるなら思いっきり振り切るのもよいような気がした。

「混ざっていこう」というメッセージをファッションアイテムに託したのがネクスタイドの最初の取り組みだったが、手がける領域は年々拡大している。

Tシャツに始まり、スポーツグッズや音楽機器の開発、ブラインドサッカー（視覚障害者による5人制サッカー）などのスポーツイベント、視聴覚障害者も楽しめる新しいバリアフリー映画の企画、さらにはマチを舞台に、「心のバリアフリー」の実現を地域そのものの価値に仕立て上げ、広げていこうとしているのだ。

最近では「ソーシャル・イノベーション」という考え方も一般的になってきた。社会の課題をそれぞれがビジネスの本業を通して解決していくという視座である。

弱者に対する同情を前提とした施し的な取り組みは長くは続かない。継続にはそれなりのコストがかかる。障害者を含めた数の上での少数者、すなわちマイノリティ目線に立ち、そこに散見されるさまざまな問題を解決する機能を、モノづくりやコトづくりの基盤に組み込んでいく。広く、あまねく一般に流通させるサービスとして包括させていく。

その存在やアプローチなどから企業姿勢を知ったとき、顧客はその企業の製品を選ぶだろう。機能と価格だけではない。その「社会性」に価値を見出す時代になりつつあるのだ。

こうした時代の潮流は、ネクスタイドの事業を発展させていくうえで、大いなる追い風だと認識している。

キーワードは「カッコいい」「ヤバイ」

話をアシックスとのコラボに戻そう。

福祉的なアピールは一切せずに、ファッション性の極めて高いハイカットスニーカーをつくる。ファッションフリークの一般の若者に「オシャレだから」「カッコいいから」「カワイイから」で買ってもらえるハイセンスなデザインにこだわること。

そのコンセプトが評価され、具体的な商品づくりが始まった。

クリエイティブ・ディレクターに、契約したばかりのジェフ・ステープルを迎え、次男に試し履きをしてもらいながら、何度も試作に試作を重ね、ようやく完成したのがネクスタイドの記念すべき第一作となった。

「プロコート・ネクスタイド・AR」と名づけたこのバスケットシューズは、次頁でご覧のように外見からはストリートで人気のクールなバッシュにしか見えない。まさか、このスニーカーに障害者でも履きやすい機能が詰まっているとは思えないのではないだろうか。

初めてコラボしたスニーカーアシックス「プロコート・ネクスタイド・AR」の初代モデル

実際、このスニーカーは渋谷やニューヨークの人気ショップで販売され、多くのファッションフリークを夢中にさせた。いくつものファッション誌に取り上げられたこともあり、店頭では即日完売が続出した日もあった。

四肢にまひがある人、片手が欠損していたり動かない人でも、このスニーカーはラクに脱ぎ履きができるようになっている。従来のユニバーサルデザインや障害者のためにつくられた靴は、扱いにくい靴ひもは採用されず、スリップオンタイプか面ファスナーと呼ばれる、いわゆるマジックテープが配されていることが多かった。

しかし、この靴ひもこそがクールなデザインの重要なポイント。そこで靴ひもは残しつつ、脱着時に、かかと部分がスキーブーツのように大きく開く構造にし、手先にハンディがあっても履きやすい仕様とした。

また、くるぶし部分についている足首をギュッと締めるストラップは、かかと部分の留め具がグルッと回転し、締めつけるストラップの方向を左右どちらの方向にも設定できる。普通は内側から外側に向かって絞り込むようになっているが、ストラップを両足とも左方向に設定すれば左利きや右手が不自由な人にも扱いやすくなるのだ。

――と、説明すると、障害のある人に対する配慮が随所になされているわけだが、ファッションを楽しむ若い世代にとっては、そうした機能性をくわしく説明するよりも、いかにデザインが「直感的に」カッコいいかが購買動機になる。

ちなみに、初期モデルの内装グラフィックは世界に名だたるインターナショナルブランドであるコム・デ・ギャルソン・オムに当時在籍していたデザイナーたちが、匿名のユニットを組んで描き起こしたオリジナルだ。

オシャレかオシャレじゃないか。ここには一切、同情はない。スティグマもない。

従来のユニバーサルデザインが、何らかのハンディを補う機能によって障害者にアピールする要素を残す商品だとしたら、このバッシュに象徴されるように、僕たちがネクスタイドで展開していくプロダクトは、ファッションデザインへのこだわりを第一義に置く。そこにハンディを補う機能をさりげなく盛り込む。声高に「福祉」をアピールするような方法は強い意思をもって避ける。

あくまでも一般のマーケットを対象に、健常者向け、障害者向けといった訴求は一切せず、ファッション感度の高い人たちに売っていこうというのがポイントなのだ。

〝かわいそう〟ではなく、〝ヤバくてカッコいい〟。

そうしたポジティブな見えざるメッセージの積み重ねが、意識のバリアフリーを実現していくのだと思う。

「この靴を履いてマチに出かけたい」

完成したバッシュを子どもたちに見せると、三人とも歓声をあげた。

「すっげえ！　カッコいいじゃん」

そして、入れ替わり立ち替わり手にとり、履いてみたりして、互いに見せ合っている。

カズも、「イイネ！」とボソリと言った。

いままでマジックテープの〝ダサイ〟障害者用シューズを選択の余地なく履いていたから、ほかの二人よりも喜びは大きいだろう。嬉しそうにはしゃいでいる。そして、こう言ったのだ。

「コレ、ハイテ、ドッカ、イキタイ」

作り手として、そして父親として、これ以上嬉しい言葉はない。

「この靴を履いてどこかに出かけたい」

ネクスタイドが目指す効果は、まさにこういう点にもある。オシャレなものを身につけると、誰でも外に出たくなる。これをつけてマチに出かけよう。そう思わせる力がファッションやデザインにはある。他人から自分がどう素敵に見られるか……という視点。ファッションの面白さと可能性はそこにある。だから、僕はファッション性にこだわるのだ。

また、ファッションという視点は従来の障害者向けの製品やユニバーサルデザインの中に見つけることは難しかった。最近は一部のユニバーサルデザイン商品にファッション性をうたったものも出てきてはいる。しかし、誤解を恐れずに言えば、日用品的な商品群やトイレなどの公共性の高いハード、そして福祉的バリアフリーに代わる表現としてしか使われていないように思う。ネクスタイドのように世界のトップクリエイターやデザイナーを迎え、名だたるファッションブランドとコラボしているものを見つけることは難しい。

次男もそうだったが、親御さんを含むファッションに敏感な人たちは、障害があるからといってダサイ格好はしたくないもの。自分が履けるカッコいい靴がないから、外に出たくないと言う人は少なくない。そんな彼らがオシャレして、マチに出たくなるようなファッションアイテムを提供していきたい。マチに自分の欲しいもの、買いたいものがある。それは、障害を持つ人々にとって「マチに出かける」動機にもなるはずだ。その姿に対して第三者から発せられる〝カッコイイ〟や〝カワイイ〟という言葉は、本人にとっての自信になるに違いない。その結果、障害者がどんどんマチに出て、健常者と当たり前に混ざり合っている社会をつくっていきたい。彼らがマチに出てきたとき、普通に手を貸せる精神性や行動力をあわせて創造したい。

ネクスタイド・エヴォリューションは、社会を変えていこうというひとつのプロジェクト。そして、そこで発信するモノ、コトすべて、人々の価値観や行動をデザインしようという試みなのである。

違いは、個性。ハンディは、可能性。

ネクスタイドを立ち上げた2002年当時は、それまで福祉的な要素で語られていた「バリアフリー」という言葉に替わって、「ユニバーサルデザイン」や「ユニバーサルファッション」「ノーマライゼーション」という言葉もたびたび使われるようになっていた。

しかし、これらの言葉は従来の福祉がそうであったように、マイナスをゼロに引き上げようという発想ではなかったか。その後2007年、「特殊教育」から「特別支援教育」へ名称が改められた。「学校教育法」旧第71条には、特殊教育の目的は欠陥を補うために必要な知識技能を授けるとうたわれていたが、それもまさにマイナスをゼロへという視座であったと考えられる。

これに対し、僕たちは、一人ひとり違いがあることを可能性ととらえ、そもそもゼロよ

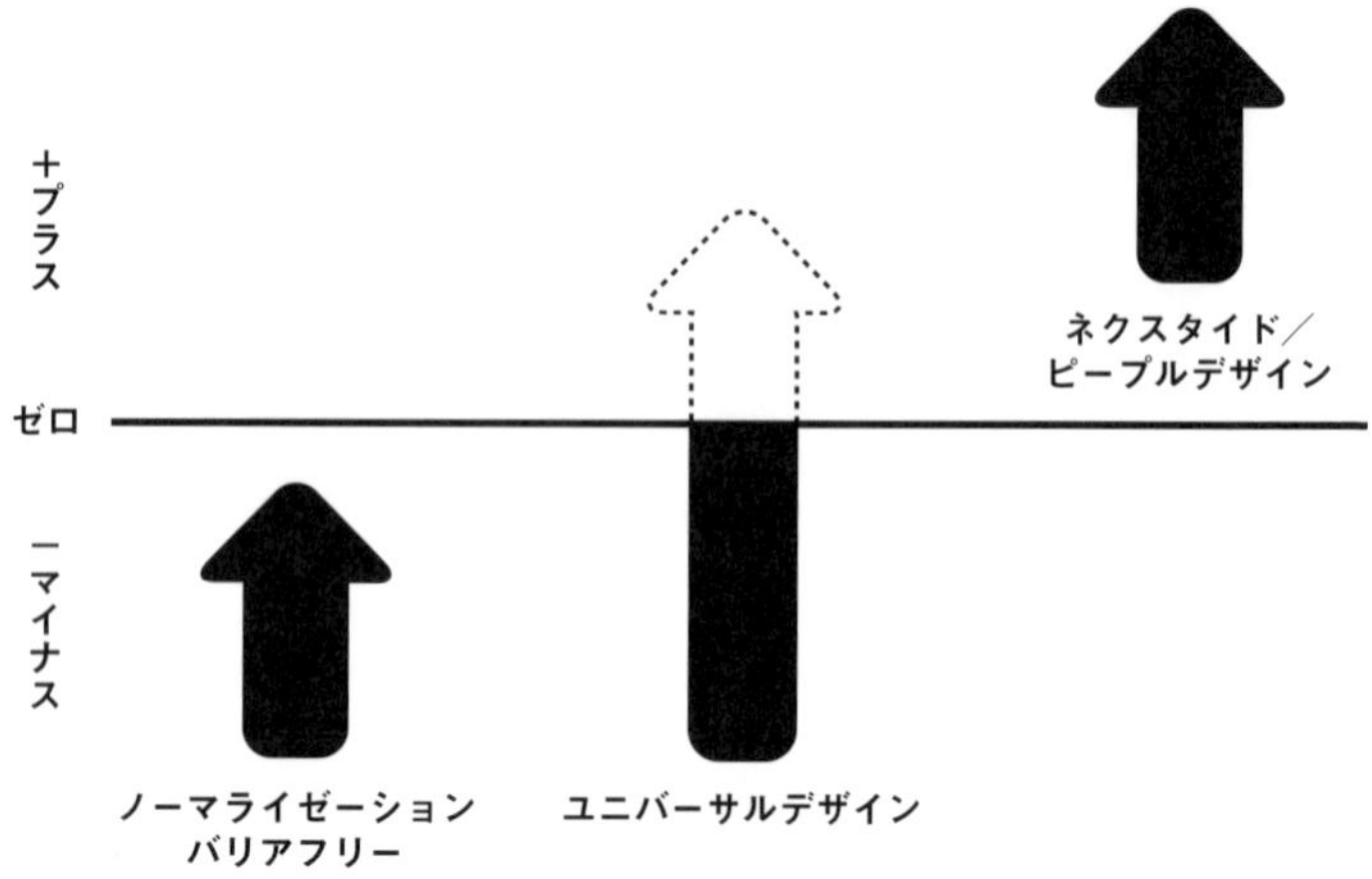

ネクスタイドの「個性」、「ハンディ」についての発想の領域

り上の地点から、さらにプラスに上昇させていくという発想を取り組みの起点に置いている。出発点がそもそも違うのだ。

「違いは、個性。ハンディは、可能性。」
The diversity, Possibility for uniqueness.

これはネクスタイド・エヴォリューションのコンセプト・コピーで、ハンディとは普通にそこに存在して、そのまま尊重され、〝個〟がそれぞれに宿した〝性質〟は皆異なるということを前提にしている。

しかも、その〝個性〟がこの社会に存在することで、「みんな違って、みんないい」と言った金子みすゞの詩を持ち出さなくても、寛容をもとにした多様性は、答えなき時代の複数解を導き出していくだろう。そんな〝可能性〟を本人のみならず周囲の僕たちに与えてくれる存在、それが〝ハンディ〟なのだ。そんなメッセージを込めて、「違いは、個性。ハンディは、可能性。」というキャッチコピーを掲げた。

振り返ってみると、違いを異質なものとしてとらえ、「普通」と「違う」を分けておきたがる傾向がこれまでの日本にはあったように思う。本書のテーマからは逸れるが、僕たちが今日まで「当たり前のこと」として自覚してきた事柄を前向きに疑ってみる必要性を、障害児として生まれた次男に教えられた。

何より医学的には「歩けないかもしれない」次男は、まったく異なった姿になりつつあった。日常生活の中で、とにかく彼を〝外〟の世界に出した。海、山、川の自然や同世代の子どもたちのエネルギーがリハビリを後押ししてか、身体能力はおおむね健常児の6割程度に発達を見せた。内反足に加え、側弯《そくわん》ゆえに右に傾きながら歩く傾向は強かったものの、腰に手綱ベルトをつけてのスキーや補助なし自転車の練習に日夜励む日々を送ってきた。外の世界に出し、より多くの人びとやものごとと接することが、次男の成長や発達に欠かすことのできない大事な要素であることを家族で確信するに至っていた。

ひとつの価値観だけに我が子を留めておきたくない。多様な社会を肌で見て感じてほしいという願いから僕たち夫婦は、子どもたちを3年間、ニュージーランドの公立学校に通わせた。

きっかけは、子育てがひと段落した2005年、妻への「お疲れさま」の労《ねぎら》いもあって、子どもたちを祖父母に任せて夫婦でニュージーランドに1週間ほど旅に出たことだった。旅の途中、現地の学校を見てビビッときた。ラグビーコート四面の広い緑の芝生。裸足で元気いっぱいに走り回る小中学生。登校する彼らの表情は、塾通いとゲームに疲れた、いまどきの日本の子どもたちとはまったく違っていた。屈託のない笑顔と笑い声、そして、驚くほどに多人種が混ざり合っているではないか。こんな場所で子どもたちを育てたい。答えが〝ひとつ〟ではないことを伝えたい。そう直感したのだ。

日本と同じく、イギリスの教育体系をベースに構築されているにもかかわらず、ニュージーランドの学校運営のシステムでは、英語圏以外からの留学生のために英語を補習する「特別クラス」はあっても、障害の有無でクラスを分けるという形態はとっていなかった。障害児も健常児も関係なく、みんな一緒に混ざり合って教育を受けていた。

次男のような四肢まひを持った子もいれば、視聴覚障害の子、手や足が欠損している子もいた。子どもたちは、そうしたさまざまな障害児を前にして、「なんで足がないの?」

「義足、さわってもいい？」などと悪びれず聞いている。足のない子も、ごく普通に「いいよ」と応じていて、最初は恐る恐る義足をさわっていた子が「超かっこいいね！」などと言って、すぐに打ち解け、互いの「違い」を認め合うようになっていた。

そうした「共存」のカルチャーが、幼いうちから当たり前のようにできているのだ。

次男には現地で彼女ができた。まるで映画『フォレスト・ガンプ』のようだった。通学は、往復1時間をかけて自転車で通った。いわゆる放課後の時間などは水泳からロッククライミングまで、幅広いスポーツを体験した。当然、彼のスピードは何ごともゆっくりだ。現地のインストラクターや大人たち、そして友人たちはせかしたりしない。彼の速度を是として寄り添い、「待って」くれた。そして時々置いてきぼりにした。中でも、ラグビーは大きな刺激になった。地元チームの応援に通い、毎週末開催される試合にも出かけ、スポーツ観戦の醍醐味を知ることができた。

障害者手帳を受け取った日にはまったく想像もできなかった未来が、そこにあった。

ニュージーランドで次男が得た友との時間と経験は、残念ながら今の日本で得ることは難しい。どこまで我が子を手放せるか。想像しえない可能性を信じ、他者にそれを委ねることができるか。育児の時間の中では障害の有無にかかわりなく、親も常に試されているのかもしれない。

ニュージーランドの中学校を卒業した次男は、日本に戻り、県立の養護学校に通った。本来の養護学校の校舎施設の収容定員に対して、近年、入学対象者が大幅にオーバーする傾向にある。そこで県立高校の空き教室を利用する養護学校の「分教室」に入学することになった。

最近の小中学校では「交流学級」という名称で、混ざり合う時間が増えているとはいえ、小学校から高校目前までの期間、障害児と健常児は分けられ、接触する頻度が著しく少ないのはまぎれもない事実であろう。また、障害児を一般クラスに迎え入れようにも、一部の父母からは障害児がいることで、我が子の学力向上や授業の進行の遅れなどを理由にクレームが入る場合も多いと聞く。

バリアフリーとかノーマライゼーションという言葉は聞こえはいいが、それらの名の下で、障害者を分けて特別視することに何の疑問を抱かずにいた社会は、その結果として意識のバリアを再生産し続ける負の連鎖を生んできたのではないだろうか。海外での暮らしを経験し、さらに日本の未来につくり出すべき新たな視点の数々を獲得することができた。

もっとわかりやすい言葉を求めて

僕は自分が取り組んでいるプロジェクトを「従来型の福祉の対極」だと認識している。しかし、前例のない取り組みであるがゆえに、最初の頃は人に理解していただくのに苦労した。ときに「福祉で金もうけをするとは何ごとか」と叱責を受けたこともあった。いろいろなモノづくりがかたちになり始める一方で、「意識のバリアフリーをメッセージする」というメッセージそのものがわかりにくいと僕自身悩み始めていた頃でもあった。

「須藤さんのやっていることって、なんとなくわかるような気もするけど、1時間話を聞かないとよくわかんないんだよね」

そんな言葉を何人もの人にもらいながら、端的に自分の活動を表す言葉が欲しい、そう切実に思うようになっていた。

うーん、もっとひと言でズバリ、自分のやっていることはコレだ！　と言える、わかりやすくてキャッチーで、世界中に通用する言葉はないものか。

そんなモヤモヤとした悩みを抱えていた頃、僕のひとつ目の会社であるフジヤマストアの仕事を通じて、コピーライターでありクリエイティブ・ディレクターの小西利行さんと出会う。

小西さんはサントリーの「伊右衛門」や「ザ・プレミアム・モルツ」、イオン「トップバリュ・あたたかインナー」など、数々の広告作品を手がけ、日本を代表するクリエイティブ・ディレクターのひとりだ。

クライアントの仕事の合間に小西さんから「ところで須藤さん、ほかにはどんな仕事をしているんですか？」と聞かれ、「ファッションやデザインの力で、意識のバリアフリーをメッセージする、いわばソーシャルなプロジェクトをやっています」と説明すると、柔和な小西さんの瞳に気のせいか力が入った気がした。

「それ、面白そうですね」

もっと聞かせてくださいと言う小西さんに質問されるままに、ネクスタイド・エヴォリューションのプロジェクト内容を話し始めた。超売れっ子のクリエーターの方に、興味を持っていただけたことが嬉しく、つい夢中になって自分がなぜこの仕事をするようになったか、どんなビジネスで社会を変えていこうとしているか、これからの展望などを時間も忘れて熱く語った。

小西さんはニコニコしながら何時間も僕の話につきあってくれ、

「いま、須藤さんが話したことを、ひと言でわかりやすく伝えられる言葉があるといいですね」

と言ってくれたのである。まさに同じテーマで悩んでいた僕は、思わず、

「その言葉を僕もずっと考えているんですが、いい言葉が浮かばないんです。小西さん、ぜひ考えてみていただけませんか？　というか、お願いします!!」

と頭を下げていた。

「考えてみましょう」

快諾すると、小西さんはさらに笑顔になった。

２００９年の春にそんな話をし始めて、夏が終わる頃まで、膨大な対話の時間をとっていただいた。小西さんからいくつかの案をいただいた中で、僕も小西さんも、これだよね！　と迷わず選んだのが、これだ。

「ピープルデザイン」

小西さんは「英語の文法的には正直微妙で、限りなく和製英語に近いのですが……」と前置きしたうえで、「人々の意識のバリアを壊すとか、人々の行動をつくるとか……。人々による、人々のためのアクションを起動させるデザイン、ということから、〝人々に〟に帰結しました」と意図を教えてくれた。

僕はこのコピーをひと目見たとき、まるで４人目の子どもが生まれたかのような静かな感動を覚えたことをいまでもはっきりと思い出せる。

あわせて、
「違いは、個性。ハンディは、可能性。」
というネクスタイド・エヴォリューションのキャッチコピーや、活動を説明するボディコピーも、小西さんがこのとき提案してくれたものだ。つくった当初、ハンディを持つ人たちの負担になってしまいやしないかと小西さんは心配していたが、うちの息子たちが「すごくいい!」と喜んでいるのを聞いて、「これでいいんですね」と納得していただいた。

ネクスタイド・エヴォリューション設立から7年。僕は「ピープルデザイン」という新たな武器を手にした。バリアフリーでもユニバーサルデザインでもない。まったく新しい概念、「わかりやすい言葉」の誕生である。

以来、ネクスタイドでつくり出すモノやコト、商品やサービス、人々の行動などのすべてを、「ピープルデザイン」と呼ぶことにし、次のように定義づけた。

「心のバリアフリー」をクリエイティブに実現する思想と方法論。

ピープルデザインの定義

・第三者に対する配慮、共存、共生への気づきがある。
・ハンディを解決する機能やサービスがある。
・ファッション・インテリアデザインとして洗練されている。

これらのうち、2つ以上を満たすもの。

未来を感じる言葉「ピープルデザイン」

強い言葉には、伝播力がある。

その言葉は、決して難しい言葉だったり、うまい表現だったりするとは限らない。むしろシンプルで、ごく普通の言葉の中にハッとするような強い魅力があるものだ。

「ピープルデザイン」

小西さんもおっしゃっていたように、文法的には正しくない。「design for people」が正しい表現だが、「People design」で外国人にも一発で理解してもらえるとは、正直そのときはあまり期待していなかった。

「ピープル」という響きは、言葉の通り自分も含まれる。障害者／健常者、日本人／外国人、若者／高齢者、異性愛者／同性愛者……そうした二元論による「違い」で対象を分けないことを目指すデザイン。

こう説明すると、従来から言われてきた「ユニバーサルデザイン」と同じように聞こえるかもしれない。しかし、僕は、常日頃から「みんなにとって等しく同じものごとはありえない」と思っている。だから、ピープルデザインとは、「みんなのためのデザイン」ではない。

むしろ「みんな違うんだよ」「違うからいいんだよ」「違う人たちが混ざっていることこそ〝当たり前〟なんだよ」「違っていることが当たり前なのだから、マチに〝おいでよ〟」「〝困ったこと〟があったら、誰かに助けを求めてよ」「違っていることで〝困っている人〟がいたら、手を貸そうよ」……。そうしたことへの気づきと、行為行動を促すデザイン。

そうしたサインとメッセージがこの言葉には込められている。そして、いちいち説明しなくても、国籍に関係なく、誰もが直感的にパッと理解できるところが素晴らしい。わかりやすさは、それだけで世界に広がる可能性を秘めている。


さらに、強い言葉には人を動かす力がある。

これまで人々の意識の中にあるバリアを、ファッションやデザインの力で壊し、違いがあることが当たり前という前提で、さまざまな違いを持った人が同じオンステージで混ざり合っていく社会をつくっていこうと挑戦してきた。

そこにどこかワクワクするような、未来を感じさせるような響きがある「ピープルデザイン」という強力な言葉が加わった。

これだけ短くて、わかりやすく、ネクスタイドのプロジェクト領域を表す言葉はない。

小西さんのクリエイティビティから生まれた「ピープルデザイン」は、間違いなく、国境を越えて人々の意識を変え、「混ざり合いの社会」に向かって行動を促す力があることをいま改めて実感している。

PEOPLE DESIGN

「思いやり文化」を再起動せよ

なぜ、希薄になってしまったのか

「意識のバリアをなくしていこう」というメッセージは、日本人がもともと持っていた「思いやり」という精神を、もう一度再起動させようじゃないか、という提言でもある。

僕の育った戦後の高度成長期からいまに至るまでの間、人々は物質と経済、カネを追い求めた。震災を経験した現在においてなお、同じ文脈でこの国は加速しようと試みているように見える。

その過程で人は個の利得の最大化へと大きく価値観をシフトさせ、「自分さえよければよい」という風潮が目立つようになってきた。またその一方で、もう一度、家族や友人、地域を大切にしながら、コミュニティを立ち上げていこうとする新しい気運も目にするようになってきた。

この流れを大事にしたい。まわりの人にも意識を向けて、困っている人がいたら積極的に声をかけたり、手を貸したりしたい。人というリソースを活用して、大きなムーブメントに仕立てていきたい。ちょっとした気づかい、思いやりの習慣や文化が人々の行動に再び結びつけば、マイノリティと呼ばれる人々に寛容な社会やコミュニティは存在できるはずだ。

人の手が必要なときは、誰かに助けを求めればいい。助け合うことが当たり前の社会になっていれば、求めなくても、近くにいる人が気づいて「手伝いましょうか?」と聞いてくれるかもしれない。

道のでこぼこを平らにしたり、段差をなくしたり、エスカレーターやエレベーターを設置したりするのには莫大な資金が必要だが、日本人の根底にあるはずの「思いやり精神」や「思いやりある行為」を再起動させることができれば、カネは一切かからない。人の力で解決できるのだから。

そうした習慣、空気、もっと俯瞰したところで語るなら「文化」をつくっていきたい。大風呂敷を広げているように感じるかもしれないが、まったくないところからつくり出すわけではない。「思いやり」をもう一度復活させるだけなのだから。そんな未来は意外に早くやってくると信じている。

世界が教えてくれた日本の魅力

世界に目を向けると、むしろ海外のほうが「日本の思いやり文化」に関心が高いようだ。

2013年9月に行われた2020年オリンピック・パラリンピック招致のプレゼンテーションで、フリーアナウンサーでアンバサダーを務めた滝川クリステルさんが「OMOTENASHI」を前面に押し出したスピーチで話題を呼んだ。

「おもてなし」は、相手のことを第一に考え、心を込めてお客さまを迎え入れようという、日本人の思いやり精神から生まれるものだと僕は思う。

日本を訪れたことのある外国人は、日本人のホスピタリティの高さに感動するという。日本ほど安全で、マチが清潔、そして親切な国はないと評価しているのだ。笑顔をともなうサービスをチップで買わなければならない欧米人から見ればなおさらそう感じるのかもしれない。

もうひとつ、僕自身が体験したことを挙げておこう。

以前、「Roots of Empathy（ルーツ・オブ・エンパシー）」という教育プログラムをつくったメリー・ゴードンというカナダ人女性の話をうかがう機会があった。

彼女は、幼稚園教諭になって間もなく、いじめや暴力など思いやりに欠ける子どもの現状や、子育ての知識がない親の存在を目の当たりにし、心の教育の重要性を痛感したという。そしてあるとき、幼稚園に連れてきた友人の赤ん坊に、園児たちが目を輝かせて喜んでいる様子を見て、無垢な赤ちゃんを子どもたちに触れさせることで「Empathy《エンパシー》」が育つのでは、とひらめく。

Empathyとは、感情移入や共感と訳される場合が多い。他者の気持ちを思いやり、相手の心に寄り添う気づかいのことで、メリーは「ひとつの能力であり、誰でもこの能力を磨くことができる」と考えた。そこから生まれた教育プログラムが「Roots of Empathy」

なのである。

メリーからこの話を聞いたとき、Empathyは、日本の「思いやり」と同じだなと感じた。子どもたちの心の中にEmpathyが育まれれば、いじめや暴力が減り、心の荒廃にストップがかけられる可能性がある。さらに彼らが大人になったとき、その思いやり精神を社会で発揮するようになるだろう。結果として、物質的に満たされた時代にもかかわらず、心の豊かさを得られにくい成熟社会にあって、彼らが貢献する領域は広がるに違いない――。

そんなビジョンをメリーは語ってくれた。そのための実践的な教育カリキュラムを誰もがトライできるメソッドに落とし込んでいるのが素晴らしい。そう感心する一方で、僕は「とうとうMade in Japanだったはずの〝思いやり〟を、外国に学ばなければいけなくなるのか……」と少し複雑な気持ちになった。

しかし、悲観するのはまだ早い。

タイミングよくオリンピック招致で「おもてなし」が大きく取り上げられたのをきっかけに、伝統文化である〝おもてなし〟を単なる表面的な流行語やかけ声だけで終わりにせず、〝思いやり〟のある行為、行動を見えるかたちで起動させたい。

力強い追い風が吹いている。

問題は、どうやって僕たちの中に眠っている思いやり精神を呼び覚ますかだ。

ピープルデザインを具現化するものとして、ネクスタイドとして初めて実現したアシックスとのコラボによるバスケットシューズを紹介したが、どんなモノやコトをピープルデザインとして生み出しているかを次章から述べていきたい。「モノづくり」「コトづくり」「マチづくり」、それらを包括する「シゴトづくり・ヒトづくり」の4つのカテゴリーに分け、それぞれどのような意図で手がけているかを交えながら、代表的なものを紹介していくことにしよう。

PEOPLE

ピープルデザインをとおしたモノづくり

DESIGN

02

2008年、ネクスタイドに参画するデザイナーたちとの1枚

PEOPLE DESIGN

ターゲットは障害者でなくファッションフリーク

障害者をオフステージに留めないために

アシックスとのコラボシューズ「プロコート・ネクスタイド・AR」が、ピープルデザインを初めて具現化した象徴的なアイテムであったことは前章で述べたが、黎明期に「モノ」からスタートしたのは、次男が歩くことができると知ったことがきっかけだった。そしてターゲットは障害者ではなく、ファッションにうるさい健常者たちであることも前述した。

障害者のためのデザインであるのに、なぜ健常者をターゲットにするのか。その理由は、ピープルデザインの重要なコンセプトを示すことでもあるので、モノづくりの具体例を示す前に説明しておきたい。

このシューズは当時、世界的にも有名な上野のミタスニーカーズ、代官山にしか直営店がなかったオニツカタイガーショップと、ニューヨークのセレクトショップ「アーバンアウトフィッターズ」で限定販売した。「限定」としたのは、それが商品の希少性、プレミアム感を高め、本当に届けたいコアなファッションフリークたちに「絶対手に入れたい」と思わせるためのマーケティング上の戦略だったからだ。

その結果、2週間で予定販売数の5000足が完売。購入者は、当初から想定していた20代から30代前半のオシャレ好きな人たち。みんなこのバッシュに障害者向けの配慮がなされていることなど気づかず、純粋に「カッコいい！」「ヤバイ！」デザインに惹かれて手にとっていた。

当時販売直後、さまざまな福祉関係者やユニバーサルデザイン商品を扱うショップから問い合わせがあった。

「なぜもっと障害者に売らないんですか？」

「うちの店でも販売させてもらえませんか？」

そういう相談は後を絶たなかった。

僕たちの活動に興味を抱いてくださり、お申し出いただけることはとてもありがたい。けれど、彼らの希望にお応えすることをあえてしなかった。

また、「欲しいから送ってくれませんか?」

という相談を障害者の方や、その家族からいただくこともある。障害の種類や属性、症状をうかがったうえで、自立歩行か車いすでの移動が可能な軽度の障害者の方々には、申し訳ないが基本的にお断りしてきた。

「体が不自由なのにかわいそうじゃないか」

という方がいるが、できるのにさせない特別扱いが意識のバリアをむしろ高める場合も多い。一見、優しい気づかいのように感じるが、僕はそうじゃないことも意外と多いのではないかと思う。「かわいそう」という意識が、障害者をオフステージに留め、自分たちオンステージの世界と分けてきたのだから。

このようなときは、まずネクスタイドの活動の趣旨をお伝えしている。

「僕たちの目的は障害者のための製品をつくることではなく、障害者の人たちがファッションをきっかけにマチに出かける、その行為そのものを促すことにあるのです」と。

そのうえで、取り扱っている店舗をご案内し、ご自身で在庫の有無を確認していただいている。在庫があれば購入できるし、なければ買えない。人気の商品は皆同じであり、障害に対して配慮はするが、障害者だからといって優遇することはしない。

このように最初の入口は、数の上では圧倒的に多数を占める若者に支持されるものをつくる。そのマーケットで実績が上がれば、メーカーが「このラインは売れるんだな」と認識し、オシャレなショップの店頭にピープルデザインの靴が並び続けるはずだ。
一般のショップ、しかもファッション好きの若者の間で人気のセレクトショップでピープルデザインが定着すれば、障害者の人たちも、「あのオシャレな店に行けば、欲しかった靴が買える」と、ファッションを中心に賑わうマチに繰り出すようになるだろう。

この一連の「動き」を、まとめると次のようになる。

Step 1　ファッションフリークに売れるクリエイターによるデザイン
Step 2　ファッションフリークに売れる
Step 3　ピープルデザインのメッセージが事後的に購入者に伝わる
Step 4　売れる商品のため、店頭にいつも並んでいる
Step 5　その存在を障害者が知る
Step 6　障害者がマチの人気ショップに買い物に出かける

この「動き」。ハンディのある人が健常者のいる世界に出てきて、混ざり合う。

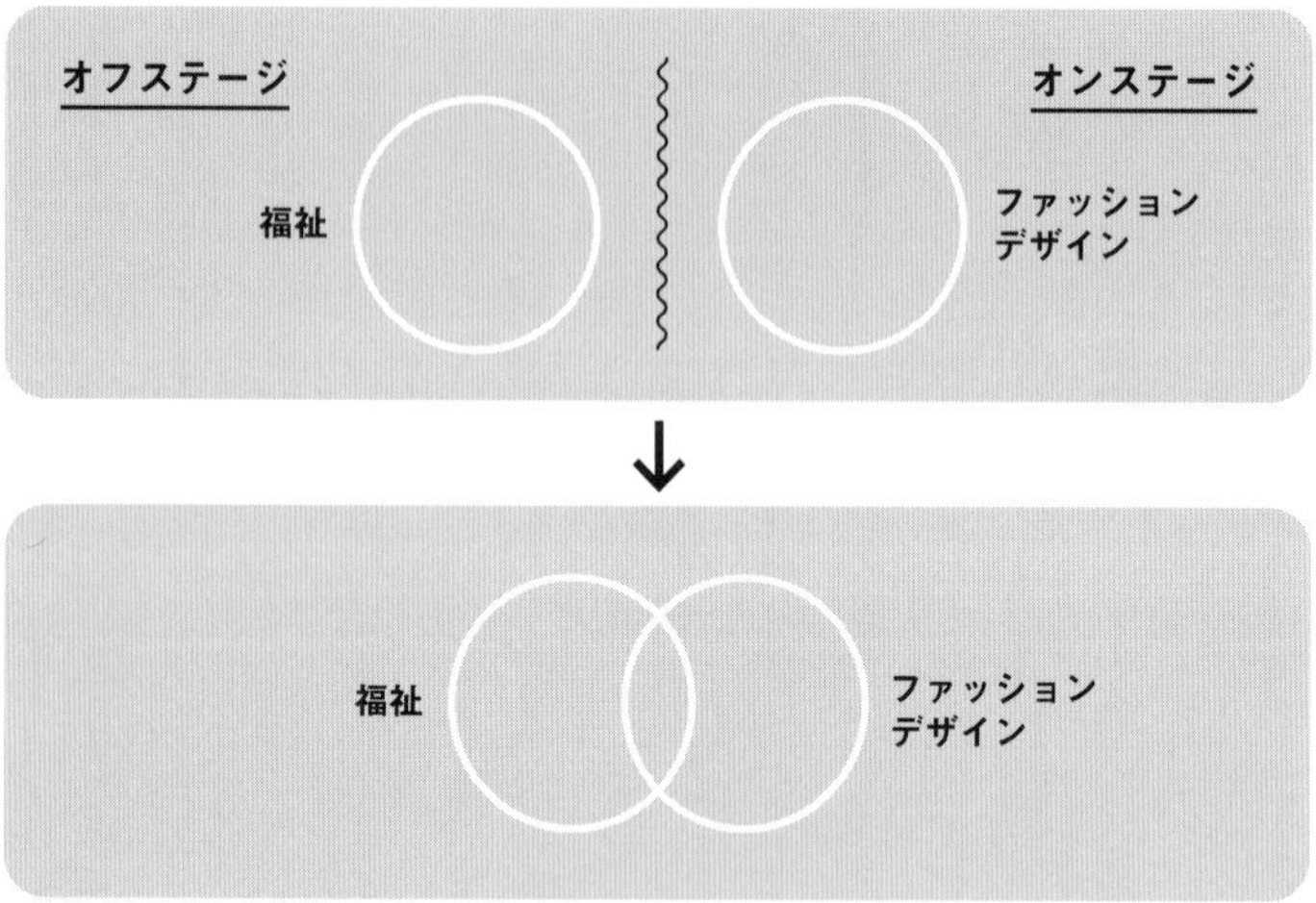

ネクスタイドが掲げるオフステージとオンステージの“意識のバリア”を壊す概念

意識のバリアを壊していくためには、こうした「動き」をいかにしてつくっていくかが鍵なのだと考えている。

互いが混ざっていることが自然になれば、意識のバリアは限りなく薄れ、みんなが集うその場所がオンステージに変わる。


障害者向けの施設やショップで同じことをやるのは、残念ながらいまの社会状況では難しいと思う。だが一方で、誰に、何を、どのように売るか、またそれをどこで売るか、そしてそれをどう伝えるかを思考することで、次の一手も変わってくるのはたしかだ。

いわゆる「福祉」の文脈で語られる場所には、障害者本人かその家族、あるいは福社従事者しか訪れない。ピープルデザインのアイテムを並べても、売れる数は限られるだろう。そして、売れなければ店頭から外さざるを得ない。売れる数量、すなわちロットが少なければ商品の1点あたりの価格は高くなる。置き続けるためには、値段を釣り上げなければならない。かたや、2週間で5000足売れる商品だから、1万円台前半の価格で販売できた。それが1カ月で1足売れるか売れないかになってしまったら、その値段は残念ながら3倍でも釣り合わない。

はたしてどちらが、最終的にピープルデザインの機能を欲している障害者にとって便利なのか。

答えは明白だろう。

ハンディを持った人たちがオフステージの世界に留まらず、オンステージに出てくる。出てきてくれたときには、僕たちが「手伝いましょうか」と声をかけるのが当たり前になる。そうやってお互いに動いていく。混ざっていく。これも重要なピープルデザインの役目なのである。

本音の部分では、息子や息子の友だちに履ける靴や着られる服をつくりたいという思いはある。ただ、それを彼らのもとにダイレクトに届けるのではなく、彼らや、同じ状況にある人たちがマチに買いに行くことによって、健常者とのふれあいが生まれる。この頻度を上げていくことを最優先に考えてきたのである。

マイノリティの負い目を取り払う

僕たちの活動を説明するのに、よく、「ウォシュレット」を例に挙げることがある。住宅設備機器メーカーのＴＯＴＯが販売する温水洗浄便座で、ＩＮＡＸなど他社も同様の製品を販売しているが、国内で圧倒的なシェアを誇る同社の主力商品だ。

１９６４年の発売当初は、おもに病院向けに医療や福祉施設向けの専門機器として、アメリカから輸入販売していたという。69年には国産化したが、導入が医療・福祉用だったため生産台数も限られていたようだ。当時の日本はまだ和式トイレの水洗化が市場のニーズの主流であり、その高額な金額もあってか一般に普及させるのは難しかったように見える。

しかし、当時の開発者は考えた。

「清潔好きな日本人にとって、ウォシュレットの機能は絶対に受け入れられるに違いない」と。そこでコピーライターの仲畑貴志氏に依頼し、「おしりだって、洗ってほしい」のキャッチコピーでＣＭを流す戦略をとる。これが大成功し、全国から注文が殺到。いまや一般家庭の7割にウォシュレットが取り付けられるまでに普及した。

つまり、こういうことだ。

医療用具として販売していた時代のウォシュレットは「病気の人向け」という印象が強く、一般の人はむしろ使いたがらない。その快適性から一般の人が買いたいと思っても、いったいどこで売っているの？ という状態だったはずだ。

それがいまでは、ホテルやデパートなどはもちろん、公衆トイレにも設置されるほど一般化している。家を新築するとか、リフォームする際、「とりあえずトイレにはウォシュレット」という人は多いだろうし、それも年々、デザインも洗練されてきているので、「カワイイ」とか「オシャレ」といったキーワードで選択することもできる。値段も昔に比べたらはるかに手頃になっている。

この軽やかさ。そして、デザインコンシャスな選択肢がポイントだ。もともとの開発時の利用者である痔を患っている方、あるいは片腕欠損して自分でおしりを拭けない方が、かつてといまを比較してどちらが買いやすくて、どちらが楽しい気持ちで購入できるか。

一方は、高額でデザインの選択肢などは少なく、限られたところでしか手に入らないもの。もう一方は手軽な値段で、デザイン性もあり、身近なところで手に入るもの。

誰しも後者を選ぶだろう。

ピープルデザインの発想は、実はここにヒントを得ている。

オンステージのマーケットで、デザインコンシャスで楽しいもの、中でも誰もが欲しいと切望するファッション性を追求していくことが、結果的にそれを医療や福祉で利用する人たちのスティグマを取り払うことにつながるのではないか。そういう力がファッションやデザインにはあると思う。


ちなみに、僕たちが子どもの頃は、眼科で施され、提供されたメガネは医療器具の最たるものだった。利用者が少なかったからなのか、選択肢はほとんどなく、セルロイドの〝ダサイ〟フレームに、ビン底みたいな分厚いガラスレンズが定番。僕は小学校4年のときに近眼でメガネをかけなくてはならないと宣告を受けたとき、大きなショックを受けた。

「これで僕の一生、終わりだな」

大げさではなく、子どもも心にもそう思った。「医療用具、メガネ、かけるとガリ勉くん」というイメージがセットの時代。一生、女の子にモテないとしたら、「終わった」と思い込んでしまうのも、同世代の方には共感していただけるのではないだろうか。

それがいまやメガネはファッションの時代。オシャレの一部としてメガネがとらえられ、「眼鏡」から「アイウェア」へ変遷を遂げた。コーディネートのアクセントに、帽子やネクタイなどの小物感覚で身につけられるファッショングラスへと昇華した。ファッションと形容されるビルや地域には必ず、メガネを扱うショップやテナントが見つかる。しかも安い。

オシャレなグラスをかけている人の中には、本当に目が悪い人もいる。でも、僕の少年時代に抱いたマイナスイメージ、すなわちスティグマを感じている人は少ないのではないかと思う。そう考えると、やはりファッションやデザインの力は「当たり前の感覚」をつくり出すうえで大きな効果をもたらす。

以降、僕が取り組んでいる具体的な「モノづくり」の代表作を紹介する。

PEOPLE DESIGN

グラフィックや機能にメッセージを込める

有名ブランド、スポーツメーカーとコラボしたシューズ

アシックスとのコラボスニーカー「プロコート・ネクスタイド・AR」で得たノウハウ

イタリア・フィレンツェの有名ファクトリーでつくられたネクスタイドの紳士靴

を応用し、さまざまなブランドや企業とコラボして、誰もが履きやすくて疲れない、デザイン性にすぐれたシューズを数多く生み出してきた。

たとえば、イタリアの靴メーカー・カルロボットリーニと丸井のプライベートブランド・ビサルノとトリプルコラボした革靴。ハンディのある人にとって、革靴はスニーカーより通常履きにくく、ハードルの高い靴だが、フォーマルな場面やカチッとしたオシャレを決めたいときには、やはり革靴を履きこなしたいもの。このドレッシーな靴はサイドにジップを採用し、片手で大きく開閉できるため靴ひもをほどくことなく脱ぎ履きが可能だ。某有名インターナショナルブランドと同じフィレンツェの

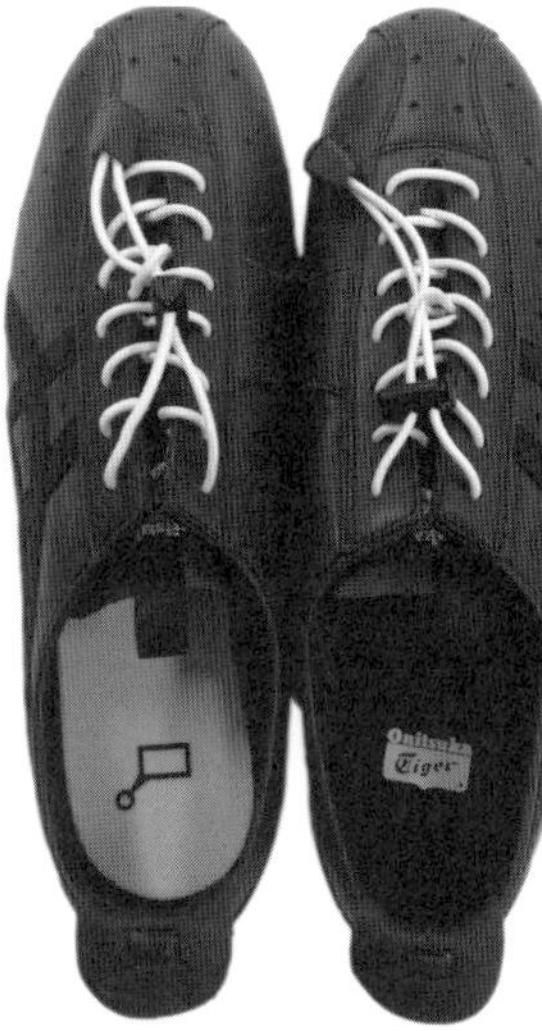

ブラインドサッカー日本代表チームの
ロンドン・パラリンピックへの参加を
願い、かかと部分には日の丸を配した

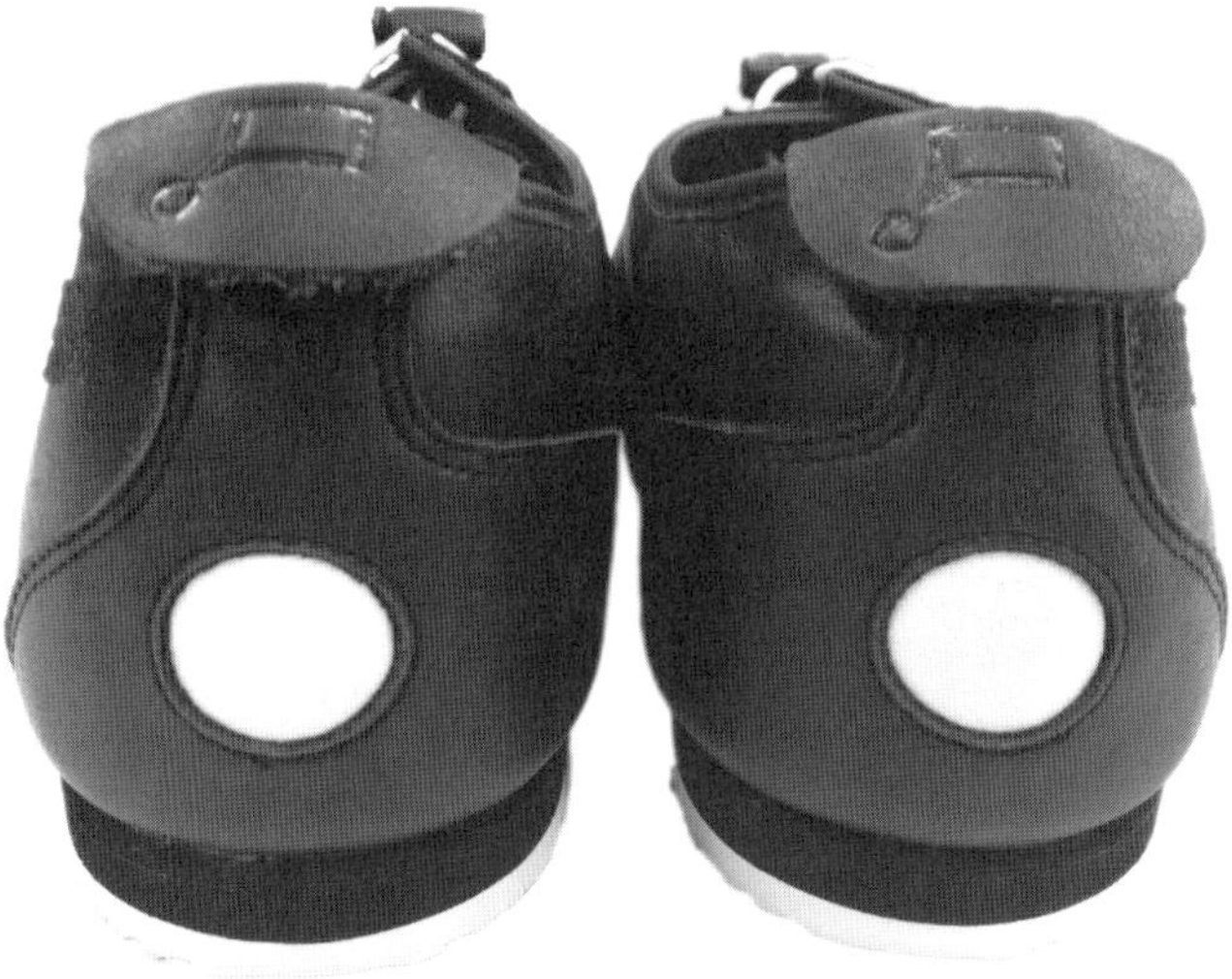

ファクトリーで製造された。Made in Italy の実にクールな革靴が誕生した。

オニツカタイガーとコラボしたサイクリングシューズは、インソールのカラーを左右、白黒に配色しているのがポイント。ロービジョン（視機能が弱く、日常生活に支障をきたす状態のこと）の人でも、どちらが右で、どちらが左か、迷わずに認識できるように工夫した。

以前、ＮＨＫのテレビ番組「エルムンド」に出演したとき、このシューズを紹介したのだが、ナビゲーターの山田五郎さんがいたく気に入ってくださり、

「僕もよく、左右を間違えるんだけど、これはパッと見てどちらかわかっていいね！」と、結構本気で気に入っていただいた。なんでも、山田さんは靴を脱いで上がる居酒屋で、帰り際、靴を履こうと思ったときに、酔っていて左右を間違って履いてしまうことがあるそうだ。そんなときにも重宝する靴だったとは……。

こんなふうに、思いがけないところで喜ばれるのもまた、サプライズなご褒美をいただいたようで嬉しいものだ。

もうひとつ、ニューバランスとコラボしてつくったルームシューズを紹介したい。

これは、次男をともない何度も病院に通う待ち時間に、病院内で入院中の若者の「入院

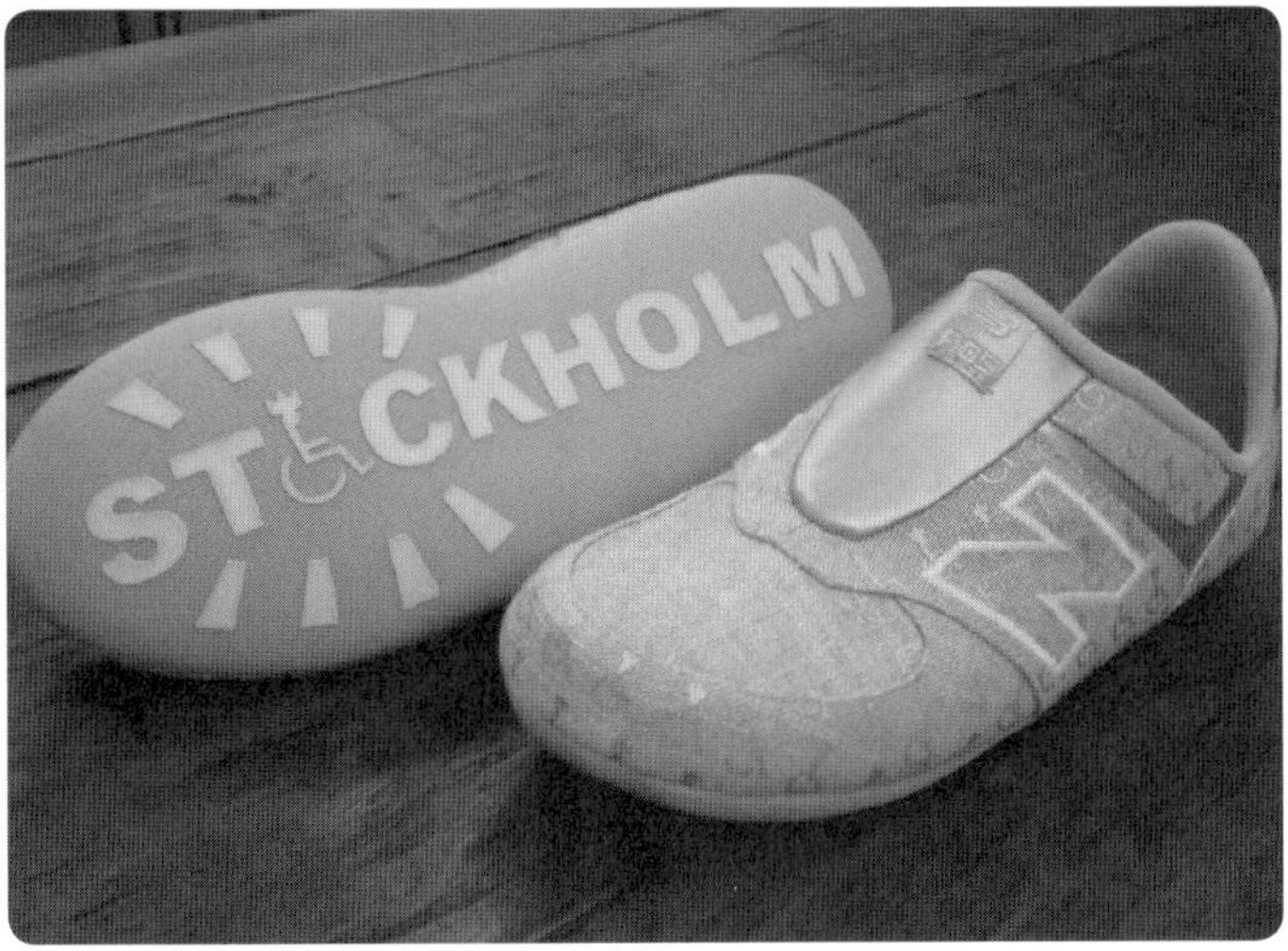

ニューバランスとコラボしたルームシューズ。2009年発売

着ファッション」が気になったことから生まれた。みんなトップスやパンツには気をつかってオシャレをしているが、足もとはというと、普通のスリッパを履いている。入院中でも足もともオシャレに、ファッションを楽しんでもらいたいと思い、ニューバランスの協力を得てコラボしたのが、このコロンとしたまるみがなんともかわいいルームシューズだ。

スリッポンタイプなので、手を使わずに脱ぎ履きが可能で、スリッパのように履きたい場合は、かかとを折り込んで履くこともできる仕様になっている。防滑性を持たせるため、シューズ裏面のグラフィックをラバープリントにしているのもポイント。

このグラフィックには、ピープルデザインのメッセージが込められている。シューズのカラーによって、裏面に世界の都市名（STOCKHOLM,LONDON,LOSANGELES,TOKYO）を配したデザインになっているのだが、福祉先進都市ストックホルムに敬意を表し、O《オー》の部分で車いすの人に王冠を被らせた。ほかの都市も、それぞれのやり方で福祉問題に取り組んでもらいたいという思いを込めて、都市にあわせたキャラクターになっている。ロスはヒップホップキャップ、ロンドンはパンクの髪型、東京はちょんまげだ。これらのグラフィックデザインも、若手アーティストがゼロから提案してくれたものだ。

ほかにも、アシックスとコラボし、２００６年度グッドデザイン賞（実用新案取得）を

世界各国のデザイナーたちが、続々とネクスタイドのクリエーションに参加している

受賞した「RUN&GUN」などもある。ヒール部分やインナーにネクスタイドのクリエイティブ・ディレクターで、前シーズン、ルイ・ヴィトンの店頭を飾ったスカーフ柄をデザインしたことでも有名になった人物、NY在住の世界的アーティストであるナカガワ・アイコがグラフィックを手がけている。かかと部分にダブルジップのストラップを採用し、靴ひもを結ぶ動作をしにくい人でもラクに上げ下げができて着脱を容易にした。

アシックスはこの機能の実用新案を取得し、2012年までの6年間このモデルを定番として展開していた。日本のみならず、カッコいいスニーカーとして世界に広く流通した。

雨の日の外出を快適にするためのレインアイテム

雨の日の外出は健常者でもおっくうだが、車いすで移動する人たちにとって、レインアイテムの充実は、より切実な問題になっている。ネクスタイドでは、ピープルデザインを取り入れた雨の日のためのグッズをいろいろ開発してきた。

ここでは、機能性とデザイン性を兼ねそなえた快適なレインコートと、両手がふさがっていてもあごで支えられる傘を紹介したい。

まずレインコート。

大手レインアイテムの製造販売メーカーであるムーンバット社との協業製品。ファスナーの持ち手やボタン部分にすべてプルリングの福祉資材を採用し、指1本で簡単に開け閉めができるようになっている。ファスナー操作時には先端を縦にスライドさせて装着するタイプのものがほとんどだが、手先が不自由な人にとって上から挿入する作業は難しいもの。そこで、ＹＫＫが開発したヘッド部分を先に固定させることで横からも差し込み操作できる、同じく福祉用途でつくられたファスナーを採用し、誰でもストレスなく着られるように工夫した。

アパレルの世界では、ボタンやファスナー、レース、ひも、タグなど部分的に使われて

福祉用途で開発されたYKKのファスナー。「イージー・トラック」という名称で、現在は一般製品向けの市場で流通している

いる資材のことを副資材という。主となる生地に比べると、採用される分量が少ないため（特殊なものはさらに）、こだわればこだわるほど原価が高くなりがちだ。およそその3倍が売り値に反映されてしまう。僕たちはそもそも割高な、福祉用途で開発された副資材をプロダクトに積極的に取り入れることで、流通量そのものを増やしていきながら、結果としてその価格を下げていくことにも貢献したいと考えている。

これはハーフ丈だが、ロングタイプのレインコートにも、最下部の両サイドにポケットがついている。このポケットは、座った状態のときにちょうど使いやすい位置となるよう設計した。地面に直座りする野外フェスやスタンドでのスポーツ観戦な

ロングタイプのレインコート。通常位置に加え、最下部の両サイドにもポケットを採用

オランダの傘メーカー SENZ 社とコラボした傘。支柱に取りつけたパッドが特徴

どで重宝されるほか、車いすを使っている人からも「大変便利だ」と評価をいただいている。

次に紹介するのは、オランダでは知らない人はいないSENZという傘メーカーとコラボしたモデル。空気力学から生まれたアシンメトリーなデザインは、風速100km／hの暴風の中でも裏返らないための構造だ。骨組みがアルミニウムでできているため非常に軽く、片手でワンタッチ操作で開いたり閉じたりできるのも便利だ。

と、すでにスタイリッシュな機能性はSENZ社がオリジナルで有していたものである。この傘とコラボしたユニークなところは、支柱の部分にウレタンのパッドを取り付け、僕たちらしいピープルデザインを加えた点にある。

雨の日に買い物などで両手が荷物でふさがっている状況は皆さんも経験あることと思う。そんなとき、支柱のパッド部分に首で挟むようにして傘を安定させると、両手がフリーになって非常に便利だ。

ちょっとしたことだが、このパッドがあるのとないのとでは雲泥の差がある。

特に車いすで移動中に雨が降ってきたとき、傘の支柱を首と肩で支えながら、両手で車輪を思い切り操ることができる。クッション性が高いので、しばらくその状態でも疲れないと好評だ。

世界のトップクリエイターによるファッション・雑貨

今日までにわたるネクスタイドの活動を通して、これまで累計106人の世界的アーティストと契約し、さまざまなアイテムを世に送り出してきた。

2007年からはジェフ・ステープルに代わり、東京生まれNY在住のアーティスト、ナカガワ・アイコがクリエイティブ・ディレクターを務めてきた。

彼女のほか、世界各国の新鋭アーティストが「意識のバリアフリー」をテーマにデザインしたファッションや雑貨コレクションを紹介しよう。

国内外のグラフィックアーティストには、「意識のバリアフリー」というテーマと、そのメッセージの果てに人々の行動を起動させ、ダイバーシティを実現するという目的を丁寧に説明したうえで、あとは自由に表現してもらっている。それぞれに個性的でユニークなグラフィックが揃っているが、どのデザインにもアーティスト自身のオリジナリティが見てとれて、とても興味深い。

たとえば、文化服装学院出身のデザイナー集団ＳＹＭ　ＤＥＳＩＧＮは、人類の進化の歴史をグラフィカルに表現。類人猿から道具を手にした人類のいちばん新しい姿はピープルデザインのロゴを手にしている。そういう人類に進化することへの願いが込められている。

ニューバランスとのコラボで制作したルームシューズのグラフィックに、福祉先進都市であるストックホルムをフューチャーした事例を紹介したが、また異なる発想でデザインしたのが、クリスチャン・メンドーザというニカラグア出身のアメリカのアーティストだ。鳥や虫たちが本能の赴くままに、縛られることなく飛び回る様子を僕たちの活動に重ね合わせ、未来のハチとして大きくデザインした。

もうひとり。こちらも日本のトオルというアーティストの作品は、影絵からインスピレーションを得たもの。これは彼のメッセージをそのまま紹介しよう。

上から SYM DESIGN、クリスチャン・メンドーザ、トオルのオリジナルグラフィック

ネクスタイドの活動10周年を記念して、株式会社エフタイムより新レーベル発売開始

「光があるから影がある。影絵は、光とシェープによって成り立つ、ごく当たり前なこと。人の社会に置き換えても、よく起こる現象ですが、影絵について注目してほしい事があります。それは影絵という演劇の中は、光とシェープから作り出された影のほうが、主演俳優であること。そう、主役なのです」

このように、一枚一枚、アーティストの「意識のバリアフリー」への想いが込められたグラフィックの数々。11年の活動を通して２０１４年現在、８００に迫る数が集まっている。

活動10周年を記念して、２０１２年にはストックホルムにブランチを立ち上げた。北欧のディレクターの目線で、既存のグラフィックを再アレンジした商品化を2013年秋から始めている。まずは、グラスやマグカップなどのインテリア雑貨からのデビューで「Nextidevolution Stockholm」という新しいレーベルを株式会社エフタイムとスタートさせた。

渋谷区に本社を置くこの会社の多大な協力を得て、現在、このシリーズの製品は渋谷区にある福祉作業所に検品・梱包・発送などの業務を委託し、知的・精神障害者の仕事づくりに貢献している。

障害者の雇用創出、シゴトづくりは、ピープルデザインの重要な柱のひとつである。これについては、5章でくわしく述べたい。

PEOPLE

ピープルデザインをとおしたコトづくり

DESIGN

03

映画『劇場版タイムスクープハンター 安土城最後の1日』で携帯アプリ開発に着手

「コトづくり」が始まったきっかけ

ファッション、そしてデザインを切り口にソーシャルプロジェクトとして展開してきたブランドであるネクスタイドだが、一方でジレンマも感じていた。まず、ネクスタイドがライセンス契約に似たビジネススキームで商品開発を行う企業と、その商品を売る現場を担う企業が異なるケースが多いことがある。また、送り手としてかかわるすべての人々に意思が伝わっているわけでもない。つまり、製造する会社と売る会社のそれぞれが大きければ大きいほど介在する人が増え、商品に込めた意味やメッセージを販売の段階で最終顧客に説明できない場合も出てきたのだ。

ときとして商品は店舗に入っているのに売り場に並んでいないことや、販売スタッフが在庫の存在を把握していないなどの問題も目立っていた。

そんな場面を見るたびに、より直接的にメッセージを伝える手段を模索し始めた。そこで浮かんだ方法論、それがイベントだった。モノという点からの発信を線でつないでいけないか。しかも僕たちが直接かかわる方法で。人々の集まる場所で「コト」をわかりやすく演出し、伝えていくのだ。マイノリティと呼ばれる人たちが、混ざり合うシーンを見せていく「コトづくり」。さまざまなイベントを矢継ぎ早に立ち上げていった。

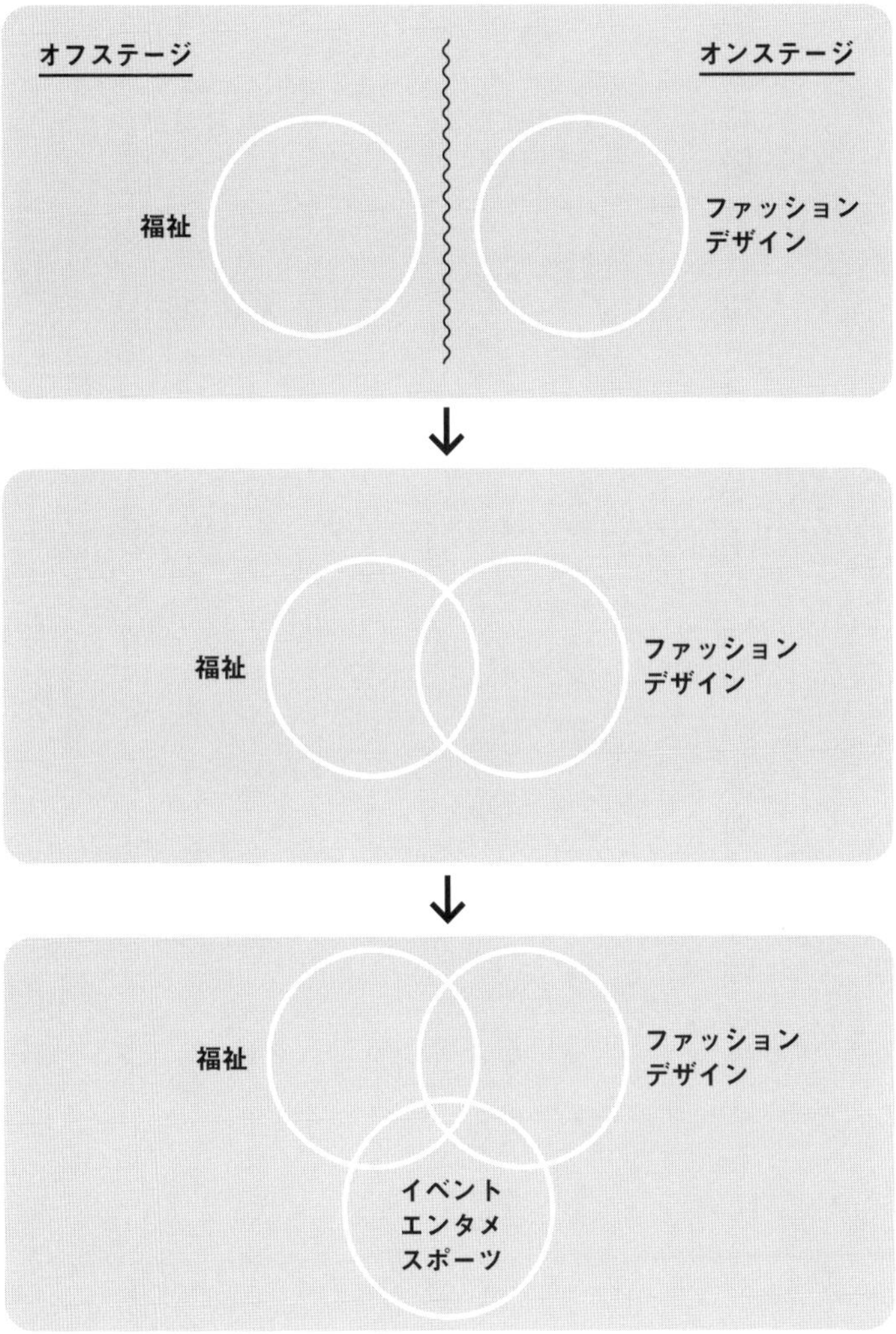

ネクスタイドの「コトづくり」のコンセプト

その頃（２００８年）、次男は13歳。ニュージーランドの現地の中学校へ一般留学生として入学し、毎日、自転車で通学していた。スポーツを楽しんだり、ラグビー観戦に夢中になっていた時期である。ネクスタイドの本格的な「コトづくり」は、ＪＷＢＦ（日本車椅子バスケットボール連盟）やＪＢＦＡ（日本ブラインドサッカー協会）とのコラボイベントからだったのは、いま思えば、障害を持った息子が自分ひとりでスポーツやスポーツ観戦を楽しめるようになっていたことが影響していたように思う。

以降、代表的なイベントを挙げたい。

PEOPLE DESIGN

子どもたちと視覚以上の感覚を共有するブラインドサッカー

障害に触れ、コミュニケーションの重要性を学ぶ場として

ネクスタイドでは、ファッションアイテムのライセンス契約料収入を原資に、さまざまなピープルデザインの思想を取り入れたイベントを企画開催している。中でも日本ブライ

ネクスタイドのイベントでブラインドサッカー日本代表、加藤健人選手を囲む子どもたち

ンドサッカー協会とともに主催しているイベントをはじめに紹介しよう。

ブラインドサッカーは視覚障害者のために考案された5人制のサッカー。音の鳴るボールを使い、アイマスクをした選手同士で競技するスポーツだ。

ブラインドサッカーでのコラボイベントの目的のひとつは、幼少期から一般の子どもたちにハンディを持った人たちと接する経験を提供することにある。前にも述べた通り、日本では欧米に比べると幼少期から学びの場や、社会でハンディを持った人々と接する機会が極端に少ない。慣れていないゆえの無知。その裏側にある「恐怖」が意識のバリアの源ではないかと僕は感じてきた。おおむね中学生くらいまでの時期に、マイノリティといわれる人々との接触頻度を上げることができないだろうか。そんな思いから、この企画をスタートさせて今年で6年目になる。学校では学べない「混ざり合う経験」を、エクストリームなスポーツ体験を通して実感してもらう狙いだ。

このイベントでは、Jリーガーを目指すサッカー少年たちがアイマスクをして、目の見えない状態でプレーする。視覚障害者の立場を疑似体験させることが目的なのではなく、声をかけあうことの大切さや、人とのコミュニケーションの重要性を知ってもらうことを第一の目的においている。

つまり、従来型の「障害者の気持ちになってみましょう」というアプローチとは真逆の試みなのだ。視覚を閉ざすという「ハンディキャップ＝障害」を体験することで、ほかの四感をフル稼働させる。そうすることで自ら声を発することや、友だちの肉声を聞き分ける必要に直面することになる。意図的なハンディを負うことで、自己の可能性を伸ばすヒントにしていこうという試みでもある。

イベントには、毎回ブラインドサッカーの日本代表選手たちを迎え、観客を含め、参加者全員にその魅力を体験してもらっている。ここで子どもたちに直感的に感じてほしいのは、「こんなにカッコいい人がいるんだ！」ということ。最初は恐る恐るだった子どもたちが、そのうち、目が見えなくてもカッコよくシュートを決める選手たちに触れて、視覚障害者への意識のバリアがなくなっていく様子を目撃できるのは、なによりの快感だ。

　日本代表の加藤健人選手は18歳で失明しているが、本当に目が見えないとは思えない躍動感あふれる身のこなしでパフォーマンスを披露してくれる。彼のほか、有名スポーツ解説者などを講師に招き、渋谷と川崎を中心に２００９年から行っているネクスタイドの定番イベントのひとつである。

　川崎でのイベント開催時には、地元・川崎フロンターレで現在U-15のコーチを務める石川邦明さんが初回から参加してくれている。また、この手法はチームビルディングを目的としたコミュニケーションスキルアップを狙い、企業研修としても採用されるまでになった。

PEOPLE DESIGN

障害者と健常者の混ざり合いを演出する映画

「視覚障害者のために」を超えて

ネクスタイドの活動やピープルデザインの概念に対する共感は、企業にも広がっている。2011年末から年3回開催している『feels ～カラダで感じる上映会～』は、パイオニアとネクスタイドのコラボイベント。銀座にあるパイオニアのショールームで行われるこのイベントは、2013年12月の上映会で、7回目を迎えた。

パイオニアは社会貢献に関心の高い企業で、聴覚に障害を持つ人たちにも、音楽を楽しんでいただきたいという意識から、創業者の松本望さんが「体感音響システム」という、音を振動に変えるユニットを開発していた。

上映会ではこのシステムに加えて、ネクスタイドが虹とねいろプロジェクトの松田高加子さんと製作した作品を中心に視覚障害の人にも映画を楽しんでもらえる音声ガイダンス

新宿ピカデリーで行った映画『時をかける少女』の試写会とトークショーの様子

（映像の状況を説明するもの）を提供している。このコラボをシリーズ展開することで、「映画を観ることを目的に、マチに出ていく習慣ができた」という声を視覚障害者の方から、年々多くいただくようになった。

　これまでも視覚障害者のための音声ガイダンス入りの映画はあった。しかし、僕の知る限り、数年前までどれも公開から数年経った旧作の上映が主で、さらに映画の映像データに直接音声ガイダンスが入っていることが多いため、一般の人が一緒に観ると、音声ガイダンスが逆に視聴の妨げになることもあった。バリアフリー上映会と銘打って行われるイベントに参加すると、その会場には視覚障害者と、その友人や家族しかいないという風景を数多く経験した。

そこで音声ガイダンスを劇場内にFM電波で送信し、必要な人だけがFMラジオで受信することで一般の人と視覚に障害のある人が同じ空間で映画を楽しめるようにしたのが、ネクスタイドが提供する音声ガイダンスイベントの特徴である。

ここ数年で『時をかける少女』（監督・谷口正晃、主演・仲里依紗、中尾明慶）、『eatrip』（監督・野村友里、主演・浅野忠信、UA）、『東京プレイボーイクラブ』（監督・奥田庸介、主演・大森南朋、臼田あさ美）などの音声ガイダンスの制作を手がけてきた。

音声ガイダンスのナレーターさん選びにもこだわった。中でも前2作はFMラジオ局J-WAVE（81・3FM）の局アナの皆さんが協力を申し出てくれており、企画のたびに同局の番組「JAM THE WORLD」などでたびたびご紹介いただいているのが何よりも嬉しい。


さらに2013年8月31日公開、2014年3月5日DVD発売の『劇場版タイムスクープハンター　安土城最後の1日』と、9月7日公開、同じく3月5日DVD発売の『共喰い』の2作品からは、新たな試みを開始した。

従来の映画では、音声ガイダンスをつけることで、人々に伝わるときに「視覚障害者のための」という形容詞が必ずついてきた。それをどうすれば取り払うことができるのか。映画関連の企画を考えるたびに、ずっと悩んでいたのはその点だった。そして昨年、音声ガイダンス以外の方法を使った取り組みが実現した。

考えてみてほしい。新作映画上映時に「健常者のために」という枕詞はまずつかない。しかし、配慮する行為が、対障害者となると必ず「障害者のための……」が付帯する。そして一般の人々はそれを「気の毒な人のために、いいことをしている」という印象を抱くに至る。ゆえに、この枕詞を取り払うことが、意識のバリアフリーの第一歩だと考えたのである。

その一方で、まったく異なる問いも自分の中に浮かび上がっていた。はたして視覚にハンディがある人たちは、本当に映画の状況を逐一説明する音声ガイダンスが必要なのだろうかというものだ。

そんな疑問から、この試みは始まった。

ネクスタイドで商品開発を行っている中で、これでハンディのある人も快適に使えるだろうかと迷うことがたびたびある。そんなときは必ず次男に聞いてきた。

「なあカズ、これどう思う？　ちょっと使ってみてよ」

そんな感じで試作品を手渡し、彼の意見を待つ。次男が難なく使えて、「イイネ」と言ってくれたら、同じハンディを持った人も快適に使えるだろうと、ある意味独善的に解釈し、そのまま進める。その後ユーザビリティの確認をしっかり行う。そしてどこかにつまずきを感じたら、徹底的に改良を重ねる。

ハンディを持った人のことは、当事者に聞くのがいちばんだ。

今回も音声ガイダンスについて、20〜30代の視覚障害を持った人たちにヒアリングを行った。その結果、必ずしも映画の進行にあわせたガイダンスがなくても、登場人物やキーアイテムの特徴、映画そのものの概要がある程度〝事前〟にわかっていれば、むしろ音声ガイダンスがないほうが感情移入をしやすいという声が少なくなかった。

なるほど！　やはり聞いてみるものだ。

最終的に彼らの声を活かして、『劇場版タイムスクープハンター　安土城最後の1日』の映画の制作会社である株式会社ピクスとソフト開発会社に協力をあおぎ、この映画の〝予習〟アプリを共同開発した。

この映画は、もともとNHKの歴史教養番組として人気を博していた『タイムスクープハンター』の劇場版。タイムワープ技術を使って時空を超えて、教科書に載らない名もなき庶民たちを密着スクープする時空ジャーナリストの活動を、リアルなドラマ仕立てにして再現するドキュメンタリータッチの作品だ。

アプリの開発にあたっては、ピクスと配給のギャガの協力を得て、まず視覚障害を持った人たちに、映画の蔵出し映像を音声ガイダンスやインフォメーションなしで観てもらった。複数の時代をいったりきたりするタイムスリップものなので、ハンディのない僕たちが見ても、ちょっと展開が複雑と思える部分もあった。

しかし、そんな不安もどこへやら、皆さんに聞いてまわったところ、ガイダンスなしでも十分面白かったという。そんな中でも、これがわかればもっと映画を楽しめる、というストーリーのキーになる部分をリスト化していった。また、視覚障害の人たちが「わからなかった」という要素を抽出し、リストに加える。それらへのこたえをすべてアプリのコンテンツとして盛り込んだ。

特筆すべきは、アプリ自体の演出が映画本編と連動している点だ。要潤さん演じる主人公沢嶋雄一が、映画のラストシーンである過去の時代から未来のタイムスクープ社に戻ったところから、予習アプリは始まる。安土城焼失の謎の取材を終えた主人公が、タイムスクープ社に戻った直後に、そのスクープの内容を語るという設定で展開する。

写真や動画に加え、全編に音声情報が付帯したこのアプリのコンセプトとテーマは、実際に映画を観る前後に購入するであろう、映画のパンフレットに近い内容をベースにしている。視覚に障害のある人が、ラッシュ本編を耳で聴いて、わかりにくかった疑問点を解決する内容で構成するのが裏テーマ。彼らが欲したすべての問いは、タイムスクープ社の広報担当者が仕事から戻りたての主人公沢嶋にインタビューするという凝った演出で展開されている。

監督の承認のもと、ピクスによってこのアプリ向けインタビュー原稿が起案され、主演の要潤さんと所属事務所フリップアップの絶大な協力態勢のもと、要さん自ら収録のために時間をつくり、登場するという贅沢な仕上がりになった。

ただし重ねて言うが、このアプリはあくまでも一般に映画を楽しみにしている人たちへの事前の期待感を高める役割として機能するものであり、「視覚障害者のための」とはうたっていない。映画好き、タイムスクープハンターのファンにとっては、映画をより楽しむためのアプリであり、視覚障害者の人たちにとっては、本編中の音声ガイダンスなしに映画の内容をしっかり理解しながら楽しめるアプリという位置づけなのである。

ここでもファースト・ターゲットは一般の映画ファンであり、そのフィールドは常にオンステージである。そこでしっかりとマーケットを確立すると同時に、障害を持った人に企画趣旨を伝えることで、彼ら彼女らをマチに呼び込み、観客動員に貢献していただこうという狙いだ。

この企画は、前述したブラインドサッカー日本代表の加藤健人君をはじめ、若き全盲の映画ファンの皆さんなどからも、多くの好評をいただけた。

アフターシネマカフェという試み

『タイムスクープハンター　TSHデジタルブック』と命名されたアプリ開発は、「音声ガイダンスがなくても工夫しだいで映画を楽しむことができるのでは?」という仮定が確信に変わった試みでもあった。

これまで視覚障害者の映画鑑賞時のサポート手法はというと、音声ガイダンスをつけることが常識だった。FM電波を飛ばせば、健常者と障害者が混ざり合って同じ映画を楽しめることもわかったが、前述の通り、どうしても会場の案内もメディアから発信される情報も「視覚障害者のための」という枕詞がつきまとってしまう。「音声ガイダンス=視覚障害者のための」というイメージが拭えないのだ。これでは、どんなに同じ映画を一緒に観ることができたとしても、特別扱いされているというスティグマは残ってしまう。

ピープルデザインが目指すのは、たとえて言うならiPhoneのアクセシビリティ機能、つまりアクセスのしやすさやサービスの新たな選択肢である。これはハンディを持った人が使うための解決機能ともいえ、iPhoneに搭載されている iOSは、その機能を利用できるようにさまざまな工夫がなされている。

テキストを入力するとき音声入力をオンにしておけば、書きたいことを声に出して言うと、そのままテキストに変換してくれたり、スクリーンが見えなくても画面に触れるだけで、その指の下にあるものを音声で読み上げたりしてくれる。またコントラストもその濃淡を自由に設定することもできるし、色を反転させることも可能だ。聴覚に障害がある場合、ビデオ通話（FaceTime）を使えば、言葉は聞こえなくても笑顔やジェスチャーでコミュニケーションが成立しうる。

知覚や注意力に障害を持つ方、あるいは自閉症の方々への機能も搭載されている。アクセスガイドをオンにすることで、使えるアプリケーションが絞り込めたり、表示される領域を指定できるため、手元の作業に集中することが可能になる。

このように、iPhoneにはさまざまなアクセシビリティ機能が備わっており、ハンディキャッパーへの目線が存分に搭載されているわけだが、決して「障害者のための」という表現を前面には打ち出していない。機械やデジタル機器が苦手な「高齢者のための」でもない。先進性とクールなデザイン。憧れを前面に打ち出しつつ、マイノリティの課題解決を後方に忍ばせるスマートフォンなのだ。

ここが重要なポイント。これまでにも高齢者や障害者向けに便利な携帯電話はあったが、それらは一般向けではなかったり、ファッションコンシャスな人たちには「自分には関係ないもの」という印象を与えていた。心が動かされる、ワクワク感をどう前面に出していけるか。

僕たちが常に参考にしているのは、ｉＰｈｏｎｅのようなアプローチなのだ。

音声ガイダンス以外の方法で視覚障害者をカジュアルにサポートする企画として、僕たちが進めていたもうひとつの試みがあった。

それが「アフターシネマカフェ」と称して取り組んだ、芥川賞受賞・田中慎弥原作の映画『共喰い』（監督・青山真治、主演・菅田将暉、光石研）という作品である。

考えてみると、特にミステリーやサスペンス映画の場合、伏線がいろいろなところに張り巡らされていたり、どんでん返しがあったりする。ストーリーが入り組んでいて、内容をすべて理解できないことはよくあること。映画が終わったあとに一緒に観た友人と「あれって、いったいどういうこと？」「結局、犯人はあの人だったってこと？」などと確認したりする経験は誰でもあるはずだ。

そんな自分の映画体験を振り返ってみて、気づいた。

そうだよ、映画の楽しみって、映画が上映されている間だけじゃない。観終わったあとの会話も含めて映画の楽しみではないか？　それならば、映画の映像情報と同時にその内容が伝わらなくてもいいのかもしれない。究極、何の支援情報もないままに映画を上映し、終わったあとに、わからなかったところを確認できるような「場」があれば、それだけでもかなり楽しめるのではないか――という仮説に至る。

そこで映画鑑賞後に「アフターシネマカフェ」という企画を実施してみた。

視覚障害の人が映画を観終わったときにわからない部分や疑問点があった場合、終映後、その名の通り「アフターシネマカフェ」という空間で、人の力で解決していこうというシンプルな仕立て。あの場面はどうだったとかこうだったなど、お茶を飲み、語り合うことを楽しみながら、「わからなかった」部分を「ああそうだったのか！」に変えてしまおうという試みだ。「あの場面はどうだったの？」という質問に答えてもらうべく、先に『共喰い』の試写を〝観て〟「面白かった！」と言ってくれた視覚障害者の人たちに協力をあおいだ。彼らに「語り部」になってもらい、作品について大いに語ってもらおうと考えたのだ。

実施してみてわかったことは、観劇後に作品について語り合っていると、もう一度観たくなるという事実。これはハンディのある人が、映画をより理解したい、もう一度観たいというモチベーションを喚起し、何度も電車に乗って映画館に足を運ぶことにつながる。それは健常者と自然と混ざり合える状況の反復ともいえ、結果としては興行収入を上げることにもなり得るのではないだろうか。

脚本に取り入れたピープルデザイン

また、映画自体にちょっとした「配慮」があることで、ハンディのある人でも十分に映画というエンターテインメントを味わえるはず、という思いもあった。

ネクスタイドのすべての映画企画でご協力いただいており、『共喰い』のプロデューサーでもある、株式会社スタイルジャム代表取締役の甲斐真樹さんには、音声ガイダンスなしで視覚障害のある人でも楽しめる映画をつくりたいという話を何度もしていた。その思いに共感してくださり、『共喰い』では脚本の第一稿から見せてもらいながら、どうしたらそれを実現できるかを話し合っていた。

ひとつの解決方法として、作品中の効果音を通常の7倍の集音マイクで収録。雨の音、セミの鳴き声、魚をさばく音といった「音」を重要な要素ととらえた。

また、ストーリーの展開と同時進行で状況説明がなくても、その前後に場面を感じさせる名詞や形容詞が入っていれば、映像が見えなくても、どんな状況か理解することができるはずと考え、そういう視点で脚本を読ませてもらった。

たとえば、通常あるシーンを説明するのに従来の音声ガイダンスの場合は、「この夏の暑い午後、冷房も効かない部屋の中で、いい年をした中年たちが膝をつきあわせてまじめに語り合っている」というように、状況を映像との同時進行ですべて説明していた。

しかし、僕たちの仮説では、こうした状況説明の音声ガイダンスを入れるのではなく、その場面が終わったところで、

「いやぁ、いまの会議室は、ぜんぜん冷房が効いていなくて部長も課長も汗かいてたな……。冷や汗？　アハハ……」

という台詞があれば、ああ会議だったんだ。暑かったんだな、ということがわかるのではないか？　というものだ。すなわち、状況を理解するのは「事前」でも「事後」であってもかまわないのではないかと考えたのだ。

脚本のクオリティを維持しつつも、こうした視点でシナリオをすべてチェックしながら甲斐さんと細かくやりとりをしていった。そして、「ここ、もうちょっとわかりやすくなるといいですよね」などと意見を伝えさせてもらいながら、視覚障害者の課題解決要素をピープルデザインの視点で提案・監修していったのだ。

幸いと言っていいと思うが、たまたまこの映画は脚本の特徴として、一人称の語りが根底で流れ、状況が理解できる台詞が場面の前後にほぼ入っていた。この脚本・演出の特徴のおかげで、映画そのものを耳で〝観て〟もらうことで、結果としてわかりやすい映画になったのではないだろうか。

あの人、健常者のこと考えてませんね

この作品の上映にあたっても、やはり視覚障害者の人たちにモニターになってもらい、試写会を複数回行った。そこでの彼らの声を集めたところ、「多くの音声ガイダンスは非常に機械的なというか、抑揚のない声で入っているので、映画の世界観に感情移入しにくいんですよ」といった意見も聞かれた。中には「むしろ、ないほうがいいくらい」という声もあった。

反対に、「音声ガイダンスのない映画を視覚障害の我々に見せるなんて」というお叱りに近い意見もあった。この両極端な意見の違いは、年齢によってはっきり出ていたように思う。60代以降のご年配の方で、中でも先天的な視覚障害を持ち、長きにわたって福祉サービスを受けることに慣れている人たちは、音声ガイダンスがないことへの不満を多く口にされていた。

『共喰い』の最初の試写会では集まった方々がほぼご年配の方中心で、若い世代の視覚障害者はそれぞれ20代と30代の2人だけだった。鑑賞者のネガティブな意見が噴出したなか、30代の全盲の男性（僕のマッサージの先生）が「ちょっと待ってください」と言って、こう擁護してくれた。

「僕は九州出身なんですが、映画の台詞はほとんど北九州弁でしたよね。あれ、関東の人が普通に聞いていても何と言っているかわかりにくいんじゃないですか？　僕は九州出身なので、方言と、海と川の近くという情報から北九州あたりかなあとイメージできました。そもそも今回の趣旨は、一般の人と混ざっていくことを前提に企画した取り組みなのですから、自分たちのことを配慮されて当然な特別枠とするような意見は少し違うのではありませんか」

こちらの意図を代弁していただけたと感じ、正直ほっとした。

帰り際、マッサージの先生が僕に声をかけてくれた。

「須藤さん、あの場で意見を上げた人たちは健常者のことをまったく考えていませんでしたね」と。そして続ける。

「混ざり合うという企画の前提を何度も説明しているのに、『私たちは』が主語になり、健常者の気持ちとか、彼らへの配慮はほとんど考えていなかった。視覚障害者の気持ちを主張する声が多かったですよね」

僕たちの趣旨を理解してくれているある意味身内ともいえる彼は、極めつけにこう言ったのだ。

「これって、障害者のことを考えない健常者と同じじゃないですか？」

非常に印象的な言葉だったので、いまでも鮮明に覚えている。

試写会に来てくれたもうひとりの若者は、ブラインドサッカー日本代表の加藤健人選手だった。彼はシャイで会場では発言することはなかったが、帰りがけにボソッとつぶやいた。

「あの人たち、不満ばっかり言ってましたけど、楽しくなかったんすかね？　僕は楽しかったですよ」

この違いはいったい何なのだろう。年齢のせいだろうか。いやそれだけではないだろう。この二人は、障害を持ちながら自分で仕事を持ち、社会と接触し、積極的にひとりでマチに出てきている。つまり、障害者だからというスティグマを超え、すでに自分から混ざり合っている人たちなのだ。彼らにしてみれば、不満ばかり言っていた年配の人たちのほうがナンセンスに思えたのだという。

反対に、普段から福祉サービスを受けていて、他人から「してもらう」ことに慣れている、ある意味、してもらって当然と思っている人たちは、「足りない」ことをあげつらいがちなのかもしれない。かつて自分も障害児を育てる中で、「してもらって当然」という気持ちになったことが、たしかにあった。

ものごとの感じ方は千差万別である。皆違ってよいのだと思う。ひとつ言えることは、「すべての人に」というユニバーサルな対応は現実的に不可能だということだ。誰に、何を、どのようにという基本的なスタンスをより明確にしながら、本来の目的である「違いある人々が自然に混ざり合うことを当たり前と思える価値観」づくりの方向性を再認識する。ときとしてお互いがお互いに寛容さを持つ必要性にも気づく。そして、いままでになかった新しい選択肢を一つずつ増やしていく。このときの体験は、次世代というターゲットイメージがよりクリアになった一幕であり、よい意味でまた新しい課題をもらうことができた。

現在、従来の「福祉」のイメージを覆すようなイベントを２０１４年秋に向けて準備中だ。映画的な視点をまったく別次元で活用しようと考えている。題して『超福祉機器展』。シブヤ発で発信する新しい企画の数々をぜひ楽しみにしていただけたら、と思う。

PEOPLE

ピープルデザインでマチづくりを

DESIGN

04

SHIBUYA CITY

ダイバーシティの実現を目指す、
ピープルデザイン都市シブヤ

シブヤを舞台に「マチづくり」

「自分たちの理想の未来を自分たちでつくっていく」

僕たちの活動の根底には、常にこの意識がある。社会に生きる当事者として、同じ問題意識を共有する人たちとのつながりの中で、自分たちの手でそれを実現していきたい。

そのための手段として、「ピープルデザイン」という旗を立てた。

ソーシャルプロジェクト、ネクスタイド・エヴォリューション開始から12年、ファッションのフィールドで数多くのアイテムを世に送り出し、映画やブラインドサッカーなどのイベントで混ざり合う場をつくることにより、「モノづくり」と「コトづくり」によるインフラはかなり整ってきたと感じている。

その一方で、それだけでは社会を大きく変えることはできないということも痛感してきた。ピープルデザインの概念を〝点〟や〝線〟を凌駕する、大きな〝面〟で展開する方法はないものかという模索は続いていた。より大きなインパクトを社会にもたらす影響力のある方法はないものか……。

そんな思いから生まれたのが「マチ」を舞台にしてメッセージを発信していく活動だ。

きっかけは、渋谷区議会議員の長谷部健さんから「一度お会いしたい」という連絡をいただいたことだった。

PEOPLE DESIGN

「マチ」をデザインするということ

モノ、コト、そして「マチ」

長谷部さんから連絡をいただく1週間ほど前、ソーシャルアントレプレナー（社会起業家）向けのセミナーで、ネクスタイドの話をさせていただいた。その参加者のひとりに、マチづくりのコンサルティングで有名な「北山創造研究所」出身で、現在、株式会社エナジーラボ代表の松岡一久氏がいた。実はいま、僕たちのNPO（後述するピープルデザイン研究所）の理事のひとりとして活躍している松岡氏が、長谷部さんに伝えたらしい。
「何か面白そうなやつがいる」と。

長谷部さんは、僕が出演したNHK BS1の『地球ドキュメントMISSION〜ファッションの力でめざす心のバリアフリー〜』という番組を見ており、インスピレーションと縁を感じたという。

彼自身、「グリーンバード」という、マチの美化活動を通じて若者の社会参加を増やしていこうというNPO法人を立ち上げ、社会的な活動を行ってきた人だ。

渋谷区の原宿生まれの長谷部さんは、自分が生まれ育ったマチについて語った。

「渋谷は長い間、文化や流行の発信地でした。ロカビリー、竹の子族、ラフォーレ原宿、DCブランド、渋カジ、裏原宿ブランドなどの文化がこのマチから生まれ、世界のカルチャーシーンを引っ張ってきました。

でも、そういう時代は終わった。全国の主要都市が〝渋谷化〟していったからです。駅ビルがあって、そのまわりに百貨店があって繁華街があるというマチの構造はどこも同じで、差別化ができなくなっています。

渋谷区で生まれ育った僕としては、いつまでも渋谷にカッコいいマチであってほしい。じゃあ渋谷はどんなマチを目指したらいいかと考えたとき、ダイバーシティの実現じゃないかと思ったんです。お年寄りやハンディキャップを持った人、性的マイノリティなど、このマチで暮らす人たちみんなが混ざり合い、自然に触れ合っている状態になれば、渋谷はきっとカッコいいマチになる。それで須藤さんにお会いしたいと思ったんです」

長谷部さんの話に僕は大いに共感して、何度もうなずいた。

僕自身、学生の頃から渋谷は遊び場で、会社に勤めていたときも渋谷店は2度も経験した。そして2度目は副店長を任され、それがサラリーマン時代の最後の職場となった。現在のオフィスも渋谷にある。「渋谷」というマチは、僕にとってホームタウンのようなもの。自分を育ててくれたマチを元気にしたい、かつてのようにカッコよくあってほしいという長谷部さんの思いは、非常によくわかるし、僕自身、そのために何かしたいと思った。

そして、長谷部さんは渋谷の区政にピープルデザインの考え方を活かせないかと言う。「須藤さんの活動。社会的な課題に対して同情や善意に頼るのではなく、ファッション、デザイン、エンターテインメント、それからスポーツなどクリエイティブなコンテンツを使って解決していこうという方法論がユニーク。そういう手法があったか！と。このピープルデザインの思想をぜひ渋谷のマチづくりに活かしたい。須藤さん、一緒に渋谷からダイバーシティを世界に発信していきませんか」

なんとも嬉しい申し出に、「ぜひやりましょう！」と答えながら、僕は大きな解答を得たような気がしていた。

これまでの「モノづくり」「コトづくり」に加え、より大きな影響を社会にもたらすもの。それは「マチづくり」かもしれないと思い至ったのだ。

「マチ」は、言ってみればモノもコトも空間も備わった総合的な媒体。渋谷というマチそのものを媒体として、マイノリティとマジョリティが混ざり合うダイバーシティを実現していこう。その手段として、ピープルデザインの思想を応用させれば、これまで以上にダイナミックに社会を変えていけるに違いない。直感的に、そう思った。

ここ数年、次男のスポーツ観戦熱は留まるところを知らず、サッカー、野球などのスポーツを観戦するためにチケットを自ら購入し、等々力、横浜、そして国立競技場に一人で出向き、マチを経由して帰宅するスタイルも板についてきた。彼の活動のフィールドはまさにマチにまで広がってきたのである。マチは社会であり、彼にとっての社会はマチに凝縮されてもいる。

そんな思いを「マチ」に強く抱くようになったその頃、2012年4月、事務局に紅一点の中山沙也可氏とニヒリストの茅山顕之氏を配し、クリエイティブディレクターにはアーティストのｓｅｎｓｅ君を迎えて、渋谷に「ピープルデザイン研究所」というNPO法人を立ち上げたのだ。

この章では、渋谷を拠点にした「マチづくり」のほか、現在手がけている「マチ」を媒体にしたピープルデザインを具現化する試みを紹介したい。

「都市の価値」を上げる試み

まず、なぜ渋谷なのか。そこから語りたいと思う。

渋谷を選んだのは、長谷部さんも指摘していたように、このマチは世界的に認知度が高く、影響力が大きいからだ。映画『バイオハザード』に登場する敵、「アンブレラ社」の秘密基地はハチ公交差点の地下に設定されている。また、全世界のスターバックスの売上げナンバーワン店は、ハチ公前QFRONT1階のSHIBUYA TSUTAYA店であることは有名だ。それらのことが影響しているか否かは定かではないが、「foursquare」という、自分がいまいる場所を示すアプリケーションでの投稿件数の世界一のポイントが、ハチ公前の交差点だと聞く。

「意識のバリアを壊していこう」というメッセージに加え、さまざまな違いを持った人々が自然に混ざり合える空気感。数の上では少数派であるマイノリティにフレンドリーであるという環境は、地域の価値になるのではないかと考えている。こうしたメッセージを若い人たちと共有し、次世代につなげていきたい。その意味からも「若者のマチ、ファッションのマチ、国際的なマチ、渋谷」はベストな媒体だと思えてならなかった。

そんな渋谷で、本来のWelfare――新たな福祉の視座を提案していく活動が始まった。

僕たちが持つノウハウや専門性を存分に投下して、性別・年齢・国籍・身体・意識の違いによる課題を、さらにクリエイティブに解決していく。「超福祉」というスローガンを掲げ、NPOとしてピープルデザイン研究所をそのための新たな「乗り物」として機能させていきたいと考えている。

「シビックプライド（civic pride）」という言葉をご存じだろうか。

その名の通り、都市やマチに対する誇りや愛着のことだが、いわゆる「郷土愛」と少しニュアンスが違うのは、ただ単に自分の故郷が好きというだけでなく、自分自身がそのマチを構成する一員であると自覚し、マチをよりよい場所にするための取り組みに積極的にかかわろうという当事者意識をともなう点にある。

また、生まれ育った人だけではなく、そのマチを気に入り、そこに集うさまざまな人が対象となる。住む人、働く人、学ぶ人、遊ぶ人……どんなかたちであれ、かかわる人がマチに誇りと当事者意識を持つ、それがシビックプライドなのである。

ピープルデザイン研究所で目指しているのは、まさに渋谷のシビックプライドを高めること。かたちなきピープルデザインという思想を切り口に、そこから生まれる行為や行動を習慣や文化として、都市の価値にしていこうという取り組みなのである。

クリエイティブディレクターのsense君とアーティストKAZ君が描く、シブヤの未来。2012年MIXTUREのイベントにて

日本は戦後半世紀以上、重厚長大を良しとしたモノをつくり続けてきたが、いま、大きな転換点にさしかかっているのは誰もが知るところだろう。過去同様の経済成長がこれ以上望めず、高齢化が進み、人口が減っていく中、いわゆるGDPの縮小を僕はあえて受け入れるべきだと考えている。

それをマイナスにとらえる人もいるが、僕自身はそうは思っていない。

「成長」から「成熟」へ至ったのだ。どう戦略的に「衰退」していくか、その中にあって、ここに暮らす人びとの幸福度をどのように高めていけるか。

その見方や切りとり方によっては、拡大成長期には感じることができなかったような、時間や心のゆとり、そして何より納得感を得ることができると展望している。

これからの日本がより重視すべきもののひとつが、かたちなき「価値」の創出ではないか。

成熟社会とその先に生きる僕たちにとって、心から誇れる何かを持つことは何よりも重要ではないかと強く思っている。

縮退する日本の希望として

少し話は逸れるが、高齢化と人口減少は、日本だけが抱える問題ではないので、ここで僕なりの考えに触れておきたい。

日本は世界に先んじてこの課題と向き合わなくてはならなくなったが、日本を追いかけるように各国もこの問題に直面しており、世界はいま、日本の対応に注目している。

実際、日本の高齢化対策について学びたいと視察に訪れる国もある。

2012年、フィンランドとデンマーク両国からリサーチャーが弊社にやってきた。福祉先進国の北欧から、なぜ僕に？　と思ったが、彼らはTEDで披露した僕のピープルデザインに関するプレゼンテーションを聞き、僕たちが実際にピープルデザインの思想をどのように社会問題の解決に活かしているか知りたいと思ったそうだ（ご存じのように、まだまだ日本では浸透していないのだが)。

周知の通り、現在日本の高齢化率は25％に達しており、今後あっという間に30％に至る。世界主要国の中でも最高最速の水準である。

一方、フィンランドとデンマークは、ヨーロッパの中でも急速に高齢化が進行している国であり、フィンランドの人口に占める65歳以上の高齢者の割合をみると、超高齢社会といわれる21％に２０２０〜２０２５年の間に到達すると予測されている（国連経済社会局人口部２０１２年調べ）。

こうした現状の中、先んじて超高齢社会に突入した日本が、どのような制度や施策を整備しているか、行政や企業はどう対応しているかを自国の参考にしたいとのことだった。

デンマークから来た視察団の一人が別れ際にこんなことを言った。

「正直、日本国内では特に際立った対応や施策が見られず驚いた。今回の滞在でのリサーチの中でも、特に興味深かったのは、シンジが取り組んでいるピープルデザインの思想。20年後の我が国の未来のために必要な考え方だと思った」

僕自身がこう書くと、まったく信憑性のないエピソードに聞こえるかもしれないが、たしかに彼女はこう言ったのである。

日本が超高齢社会に向けて何の対策もとっていないわけではないのだが、最優先事項として取り組んでいるようには映らなかったらしい。何よりも、ピープルデザインへの客観的な理解と評価のコメントをいただけたことがとてもありがたかった。

僕自身、ピープルデザインは、日本のいくつかの社会課題を解決する有効な手段となり得るのではと考えているため、福祉先進国デンマークのリサーチャーから認められたことは非常に励みになった。現在、彼女とはコペンハーゲンでの教育プログラムを構想中である。

渋谷発のカルチャーを再構築

話を渋谷に戻そう。

いかにして都市の価値を上げていくか。日本でも地方都市などで先進的に取り組んでいるところが出てきているが、ロールモデルはまだ一部。いま話題の「ゆるキャラ」は僕も大好きだが、話題づくりのその先がなかなか見えにくい。一方、海外のほうがより敏感で、主要先進国における各都市では国レベルに留まらず、自ら都市の資産といえる価値（city capital）を上げていくことに必死になっている。

都市の価値が上がれば、良質な人々を引き寄せ、そこに住む人口が増え、需要が生まれ

る。モノとカネが動き、経済が回る。それによって納税額が増えることは財政に直結する。税収入が上がれば、地域の中でよりよいサービスを市民に提供することが可能だ。地域の魅力が向上し、結果として治安がよくなれば、「住みたいマチ」としての人気がさらに高まり、正のスパイラルは上昇を描き続ける。

全米50州中、最初に消費税のない州として有名になったオレゴン州は「グリーンシティ」を旗頭にシリコンバレーを脇に見定め、ここ10年あまりでcity capitalを高めた都市ポートランドを持つ。正のスパイラルを実現したポートランドは、最近、多くの日本企業人や行政関係者が視察に訪れるマチである。

かつては、ロンドン、パリ、ニューヨークが世界の三大都市といわれ、そこに東京が並ぶことを誇りに感じた時代もあった。ときは流れ、いまはコペンハーゲン、アムステルダム、ポートランドの3都市が魅力的で範たるマチとして注目されている。

欧米のみならず、お隣中国の上海にはじまり、アジアの各都市はこの数年で文字どおり様変わりしている。日本だけが、かつての尺度のままに留まって見えるのも正直な感想である。

どこの都市も、この好循環を切望し、自らの努力を惜しんでいないのだ。世界のモノサシもまた時代によって変化を続けているといえるのかもしれない。

PEOPLE DESIGN

NPO法人ピープルデザイン研究所が考えるシブヤの未来

「思いやり」を渋谷のカルチャーに

ピープルデザイン研究所を設立したのは、2012年4月。時を同じくして(4月26日)、渋谷駅前に大型複合施設「渋谷ヒカリエ」がオープンした。東口の東急文化会館跡に建設されたこの巨大ビルには、ファッションや雑貨などのテナントが入った東急百貨店、飲食店、複合スペース、劇場、オフィスなどが入居している。

渋谷駅周辺は、2005年に特定都市再生緊急整備地域に指定されて以降、複数の大型開発プロジェクトが始まっているが、その本格始動の幕開けがヒカリエ開業である。

これから2026年度までに、駅周辺には超高層ビルが建ち並び、交通機関も新しく整備されるなど、ハード面で渋谷の駅周辺は激変するだろう。

見た目が大きく変われば、マチの印象はガラリと変わる。もちろん商業施設や交通網の整備を否定するわけではないのだが、渋谷の未来を見据えたときに本当の意味でマチの価値を底上げするのは、ハード面だけでは済まなくなることに、多くの人が気づいている。

では、何が「都市の価値」たり得るのか。

いまの日本に必要なのは「思いやりの再起動」だと先に述べた。

僕たち日本人がそもそも持っている思いやりの心、「向こう三軒両隣」的な助け合いの精神をみんなが意識するだけに留まらず、行動というかたちで出力することが日常になれば、困っている人の課題の多くが解消されるはずだ。

これは都市型震災時や防災という観点からも、有効に作用するものとして議論を促すキーワードになるだろう。

これからの渋谷が目指すべきもののひとつは、人の意思と行為で実践する「思いやりのマチづくり」ではないかと思う。マチの〝空気〟から生まれる見えざる文化、ハートというソフトの充実こそ、価値の底上げになると僕たちは考えているのだ。

渋谷にしかないものが少なくなったとはいえ、サブカルチャーやファッションの先端、ベンチャー企業などが集積している渋谷の訴求力はまだまだ高い。このマチに住む人、働き学ぶ人、そして渋谷が好きで集まってくる人たちは、「やっぱり渋谷、いいよね」「渋谷カルチャーが好き」などと、このマチを誇りに思い、自分なりの価値を見出している。

そうしたいまある優位性を最大限に活用して、これからは渋谷に集まる人たちの「思いやり」を行動として出力する文化をベースに、さまざまなマイノリティへの寛容さと、ダイバーシティが実現しているマチという実像を、このマチの価値、そして資産にしていきたいと考えている。

それが、NPO法人ピープルデザイン研究所が考える渋谷の未来像なのである。

マチの〝空気〟をつくることから

マチで何か困っている人を見かけたら、「手伝いましょうか?」と自然と言える文化をこの渋谷に根づかせたい。渋谷のあちこちで、そういう光景が見られるようになれば、マチの空気は確実に変わる。

さりげなく手を貸してくれる人たちがマチにいるという安心感が持てれば、何らかのハンディキャップを持った人や、子育て中のお母さんもバギーを押してひとりでマチに出てきやすくなるだろう。ちょっとした思いやりの具体的な行動は、他人に目撃されることの連鎖で〝空気〟をつくり出していく。

「手伝いましょうか」「ちょっと手を貸していただけませんか」という声が自然と聞こえるマチ。そんな〝空気〟が流れるマチにしたい。当たり前になされる他者への手助けは、

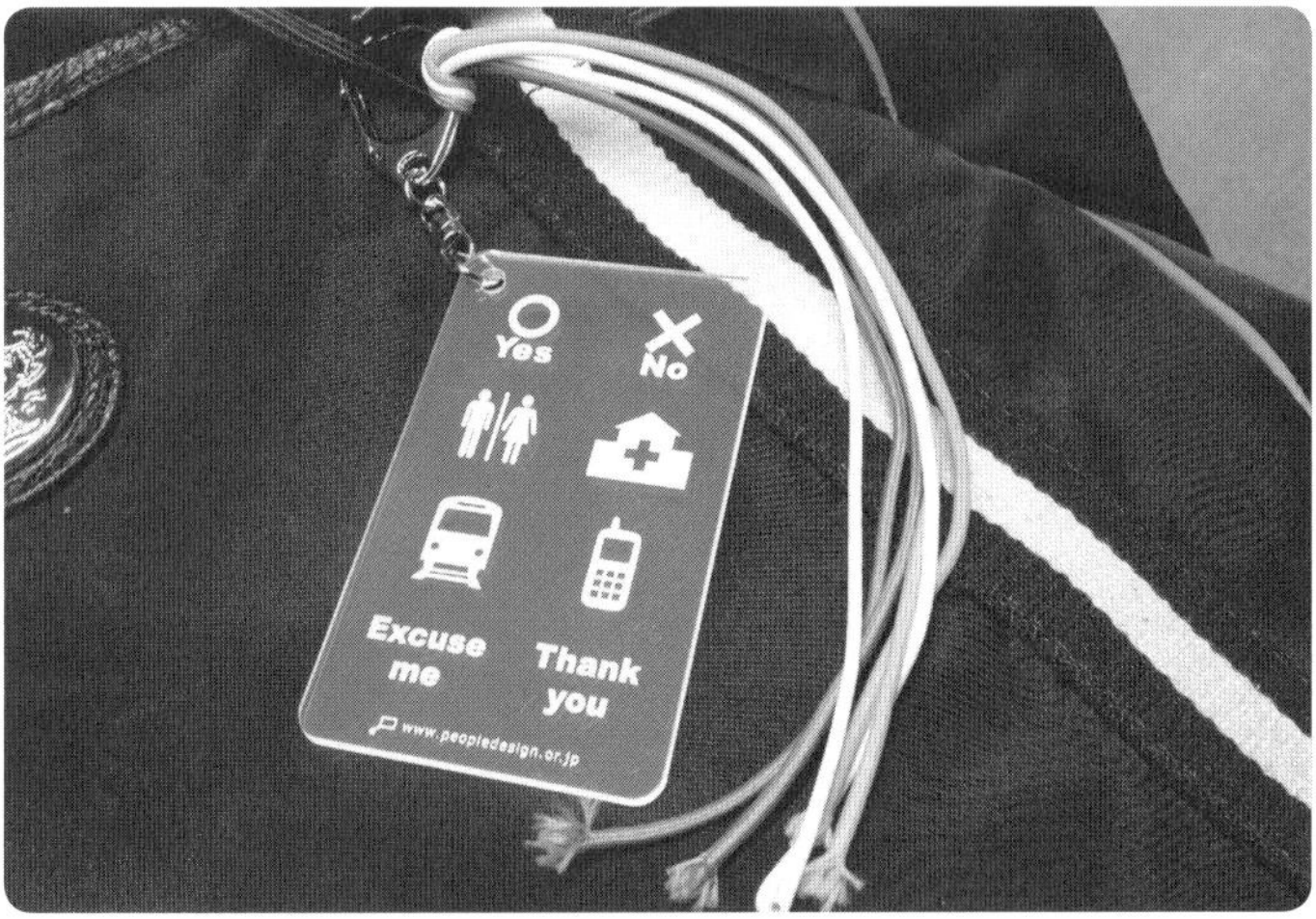

全国のセレクトショップなどで販売されている「コミュニケーションチャーム」

大きな正のスパイラルを描いていくはずだ。

そうしたマチの〝空気〟づくりの具体的手段として、製作したのが「コミュニケーションチャーム」と呼ばれるアクセサリーである。

これは困っている人に対して、「手を貸しますので、声をかけてください」「何でもお手伝いしますよ！」「ハンディのある方をサポートします」という意思表示のためのアイテムだ。そんな気持ちのある人や心意気のある人にファッションアクセサリーとして身につけてほしい。

会話の入口となる〈Excuse me〉から、目的が伝えられるような〈トイレ〉〈病院〉〈駅〉〈助けてください〉〈携帯電話のアイコン)〉、そして最後のお礼の〈Thank you〉までをわかりやすくデザインしている。
言語や聴覚に障害を持った人や言葉が通じない外国人とも、アイコンを指さすだけで意思疎通を図ることもできる。

このアイテムは、妊婦さんがつけている〝おなかに赤ちゃんがいます〟というバッジからヒントを得ている。マチの中や電車などで、あのバッジを見かけると、「何か困ってることはないかな?」と意識する人も多いと思う。そしてそのバッジを目にすることで、逆にこちら側が何ら躊躇や負い目なく席を譲れたりもする。その逆パターンというアイディアで考案したのがコミュニケーションチャームなのだ。

これは、NPO法人ピープルデザイン研究所の立ち上げにあたり企画製作したもので、まず渋谷のマチから意識のバリアを壊していこうと、渋谷区議会議員の長谷部健さんと一緒に進めてきたプロジェクトでもある。

カード部分には、ゴムひもやキーホルダーも付属しているので、腰からぶら下げたり、バッグのチャームとして使用したり、その日のファッションに合わせて、さまざまなアレンジを楽しむことができるのも特徴だ。また、服飾副資材などの専門メーカー・SHINDOから無償提供していただいたカラフルなゴムひもも、オシャレで目を引く。

ほかにも、ピープルデザインの要素を盛り込んでいる。実は検品に始まり、ゴムひもの仕分け、装着までの製作作業と完成製品のパッケージング作業は、すべて渋谷区内の福祉作業所（6カ所）で行っている。障害者の人たちの工費アップにつながる「仕事」を今後はもっとつくっていきたいと考えており、コミュニケーションチャームの製作は、そのためのひとつのステップでもあるのだ。障害者たちの「シゴトづくり」については、5章の「ピープルデザインをとおしたシゴトづくり・ヒトづくり」でくわしく述べることにする。

この企画のポイントは、販売チャネルのほとんどがファッション店舗であるという点。これがもし「福祉グッズ」として扱われていたら、ここまでの広がりを見せただろうか。福祉作業所で障害者の人たちがつくるものは、ストレートに言えば「売れる商品が少ない」。売るためのしくみを持たず、〝一生懸命〟つくることが目的になりがちになる。その後、それらをやはり職員たちが〝一生懸命〟売ろうと努力する。買い手はといえば、同情が半分ということも多いのではないだろうか。「ファッション」とは別次元の感情で財布のひもをゆるめるケースが多く見られる。つまり、「慈善の心」はあっても、「ビジネス的視点」に欠けているのだ。

僕たちが試みているのは、ブランドビジネスや商業のノウハウを駆使して、商品デザインは世界でもトップクラスのデザイナーを起用する一方で、製造は福祉作業所で働く障害者の人たちに依頼。販売は、有名セレクトショップやファッションフリークの間で人気のショップで行い、またオシャレ感度の高い人たちが集まるイベントやライブ会場でも随時販売する——というもの。〝憧れの場所〟でオシャレな人たちが購入している様子を目の当たりにできるのも、障害を持つ作り手にとっては大きな励みになるに違いない。これらの背景の思想もまた先に述べたネクスタイドと同様に、基本的なビジネススキームは、サラリーマン時代に経験してきたことをそのまま活かしている。

常に意識しているのは、福祉だってかわいくてオシャレで、ヤバくないと、ということ。

同情や人助け的な感覚で買ってくれる人は限られる。持続可能かつ、障害者が働く環境を改善できるだけの商品力や販売チャネルがあってこそ、購買人口は増え、結果として人を動かすことができるのだ。

現在、コミュニケーションチャームは、渋谷のマチのショップの店員さんや美容師さんをはじめ、日本全国の多種多様な業界の方々に身につけてもらっているが、持っている人に聞くと、これをつけるようになってから、妊婦さんやお年寄り、外国人観光客や障害のある人が気になるようになったという声が圧倒的に多い。意識するようになると、おのずと声をかけたり、手伝う場面も増えてくるのだという。

この感覚は、路上喫煙がマチから激減していったプロセスに近い。条例で路上喫煙・歩きタバコを禁止している自治体も増えてきたが、罰金を科すなど強制力のあるところはそれほど多くない。それでも、ひと昔前に比べたら路上喫煙者ははるかに減っている。これは「歩きタバコはしてはいけない」というマチの空気がつくられた証拠である。もっと言ってしまえば、路上喫煙をしている人に対して、「カッコ悪くね？」という空気をみんなが持っているから、徐々に減ってきたのだと思う。

スケボー禁止、キャッチボール禁止、ダンス禁止、ペット禁止……。全国では、こんな看板だらけの〝誰もいない公園〟が多い。僕たちは、この姿を反面教師としたい。思いやりの気持ちを誰もが発動させる姿は、「あんなふうに手伝っちゃえばいいんだ」「たしかに手を貸せばけっこうイケちゃうんだ」という〝空気〟は周囲に伝染していく。そして、気がついたらみんなきっと「違っていていいんだ」「ぜんぜんフツーじゃん」という多様性の容認へとつながっていくと信じている。

ピープルデザインを渋谷ダイバーシティ化プロジェクトに持ち込むのも、歩きタバコと同じ。小さな行為や行動の積み重ねで、大きなムーブメントにシフトさせていこう。遠回りのように聞こえるかもしれないが、人々の意識を変えるきっかけさえあれば、新しい行動が生まれ、それは空気をつくる。いつの日かそれが当たり前の習慣となり、やがて文化と呼ばれるものになるはずだ。条例や法律を整備することよりも早く、社会は変わっていくと僕たちは考えている。

PEOPLE DESIGN

渋谷区役所にピープルデザイン研修を導入

まずは職員の意識改革から

具体的に、ピープルデザインを使って、どんなことを渋谷区で展開しているか、現在進行中のプロジェクトを紹介しよう。

まずひとつ目は、桑原敏武区長に賛同いただき、渋谷区役所の職員の皆さんに一年にわたるピープルデザインのアプローチを活用した研修を導入したこと。

実は、ネクスタイドのライセンス管理を行っている僕のひとつ目の会社、フジヤマストアの主な事業は、大手企業をクライアントとしたマーケティングや経営・人事コンサルティング、社員教育事業などである。したがって研修企画や実施・運営は僕の本業のひとつとして親和性も高い。それを現在6名のスタッフで運営している。

きっかけは、長谷部さんを通じて桑原区長と面談させていただいた際、都市の価値づくりやピープルデザインについてお話ししたことにある。桑原区長は非常に柔軟な方で、僕たちの考え方や提案に理解を示し、こうおっしゃった。

「渋谷に集まる人たちは、住んでいる人、通勤・通学している人、買い物などレジャーを楽しみに来る人など、いくつかの種類に分けられます。その中で、渋谷というマチの価値を上げていくためには、まずは区政を担う区役所で働く人たちの意識を変える必要があると思いますが、どうでしょう?」

そして、渋谷区政にピープルデザインを導入しようという僕たちの試みが始まった。

2013年4月より、区民の皆さん向けの講演会や区役所の部長・課長などの管理職向けの研修にピープルデザインが取り入れられたのを皮切りに、20代と30代の若手職員に対する職層研修も始まった。ピープルデザインによる渋谷のマチづくりのグランドデザインに活かす諸施策を職員の皆さん自らの提案としてプレゼンテーションしてもらう、半年がかりの本格的なシリーズ研修である。

マイノリティ目線で課題を解決せよ

具体的には、ピープルデザイン研究所の理事でもあり、渋谷のマチをキャンパスに見立て生涯学習を推進する、NPO法人シブヤ大学学長の左京泰明氏と協力してカリキュラムを作成した。研修時間以外でも、熱心な若き職員の皆さんからは具体的な質問が数カ月間続いた。一つひとつの質問に丁寧に対応し、指南を与えたのは左京さんだ。我がNPOの心強いエンジンのひとりである。

管理職クラスではまず、ピープルデザインの思想や定義、概念を理解していただき、渋谷の未来づくりにどう活かしていけばいいかの展望を提案した。

渋谷がダイバーシティなマチになり、いま以上にたくさんの人が集うようになったとき、世界に向けてその渋谷らしい価値をどうやって発信していけばいいか、そのためにピープルデザインをどう使うか、そうした基本的なコンセプトの理解と深耕を、管理職の皆さんとディスカッションしてきた。

若手クラスに対しては、より実践的なものにしたいと考えた。そこで、ピープルデザインを行政実務の中でどう具現化するかというプロジェクト実行型の研修スタイルをとった。

参加する30人は、さまざまな部署に所属している。「総務部」「企画部」「福祉部」「区民部」「子ども家庭部」「都市整備部」……。彼らは皆、各部署の実務担当者としてそれぞれ日々の業務に邁進し、区の実情や区民の声に専門知識で対応している。区の中に見出されるマイノリティ目線での課題をピープルデザインの発想を用いて解決するには、具体的にどういう手段が考えられるのかを研修を通じて考えようという、実践的なカリキュラムである。

全3回のコースで、第1回は、ピープルデザインとは何かの概論。

第2回は、部署の異なるメンバー5人を1グループとし、そのときに想定したマイノリティの切り口である「障害者」「高齢者」「子育て」「外国人居住者」「外国人観光客」「LGBT」の全6グループに分かれ、テーマごとに、渋谷区内に存在する課題をリサーチしたあと、整理して発表する。

そして第3回では、2回目に発表したさまざまな課題をいくつかに絞り、区役所内のリソースを活用して具体的に解決するための策をグループごとにプレゼンする……というのがカリキュラムの全貌である。

通常、9時から17時の勤務に就いている彼ら彼女たちの多くが、プライベートな時間を使ってリサーチや協議を繰り返した。その本気の取り組み姿勢と質の高さは、上司たちを

2013年6月から始まった渋谷区の「ピープルデザイン研修」渋谷ヒカリエにて

含め僕たちに対しても大きな刺激を与えた。

しかも、ユニークな試みとして、全3回のうち、後半の2回は渋谷ヒカリエの8階クリエイティブスペース「8／（はち）」の「01/COURT」を利用し、一般の人も参加できる半公開イベントにした。

区役所内の〝閉じた〟環境の中で行うのではなく、検討と提案をしている姿もすべて渋谷に集う人たちに見てもらおうと考えたのだ。実際、渋谷区民やほかの地域行政関係者、各種メディアも多くオーディエンスとして来場し、会場を埋めた。

「デザイン思考」を取り入れた公開型研修

愛読者カード

■本書のタイトル

■お買い求めの書店名（所在地）

■本書を何でお知りになりましたか。

①書店で実物を見て　②新聞・雑誌の書評（紙・誌名　　　　　　　　　）

③新聞・雑誌の広告（紙・誌名　　　　　　　　）　④人（　　　）にすすめられて

⑤その他（　　　　　　　　　　　　　　　　　　　　　　　　　）

■ご購入の動機

①著者（訳者）に興味があるから　②タイトルにひかれたから

③装幀がよかったから　④作品の内容に興味をもったから

⑤その他（　　　　　　　　　　　　　　　　　　　　　　　　　）

■本書についてのご意見、ご感想をお聞かせ下さい。

■最近お読みになって印象に残った本があればお教え下さい。

■小社の書籍メールマガジンを希望しますか。（月２回程度）　はい・いいえ

※ このカードに記入されたご意見・ご感想を、新聞・雑誌等の広告や弊社HP上などで掲載してもよろしいですか。

はい（ 実名で可・匿名なら可 ）　・　いいえ

郵便はがき

141-8205

おそれいりますが
切手を
お貼りください。

東京都品川区上大崎3-1-1
株式会社CCCメディアハウス
書籍編集部 行

■ご購読ありがとうございます。アンケート内容は、今後の刊行計画の資料として利用させていただきますので、ご協力をお願いいたします。なお、住所やメールアドレス等の個人情報は、新刊・イベント等のご案内、または読者調査をお願いする目的に限り利用いたします。

ご住所	□□□-□□□□ ☎ ― ―		
お名前	フリガナ	年齢	性別
			男・女
ご職業			
e-mailアドレス			

※小社のホームページで最新刊の書籍・雑誌案内もご利用下さい。
http://www.cccmh.co.jp

３回にわたる研修のプロセスは、「デザイン思考（Design Thinking）」を参考にしている。これは、Ａｐｐｌｅ社のパソコンやマウスをデザインしたことで知られるデザインコンサルティングファームのＩＤＥＯ社がデザインをするときの手法をベースに開発したイノベーション手法である。

そのプロセスは、準備を重ねて実践というものではなく、まずは実践することが優先される。リサーチ＆ディベロップメントの発想に近く、気づきをもとにした実践の中で実地の検証（リサーチ）を行い、そこで足りない部分や問題点を発見し、修正していく（ディベロップメント）というサイクルを繰り返して、完成に近づけていくというもの。未整備ながらまず世に送り出し、追ってバージョンアップやアップデートを重ねながら「ベター」を目指し続けるｉＰｈｏｎｅの売り方は、まさにデザイン思考そのものを製品で体現している例といえよう。

その過程の中に「プロトタイプ（試作）」というプロセスがある。これは、アイディアや探索内容を頭の中からアウトプットして目の前に提示するもの。ものづくりであれば試作品をつくることだが、実行することを前提としたプロジェクトの〝プレゼンテーション〟もプロトタイプのひとつ。したがって、最終的には実際にそれぞれが自分の部署に持ち帰って実現することを最終ゴールにしているが、研修で行うのは、このプレゼンテーションというプロトタイプまでである。

また、株式会社フューチャーセッションズ代表の野村恭彦さんから学んだ、対話と未来思考から導く「場」として近年注目を集めている「フューチャーセンター」に近いものが実現した。

これはオランダなどではすでに導入された議論の手法で、企業のみならず、行政や市民、NPOなどその地域のステイクホルダー全員が合議する形態を呼ぶ。送り手のみならず、受益者をもステイクホルダーと定義した対話方法が新しい。

今回も、ゲストスピーカーというかたちで、渋谷区民であり、子育て支援NPO代官山ひまわりの森田由紀さん、性的マイノリティ当事者でもある「ハートをつなごう学校」の杉山文野君、日本ブラインドサッカー協会事務局長の松崎英吾さん、外国人居住者代表としてミュージシャンのネルソン・バビンコイ君、ロンドンで創刊された世界のガイドブックとして有名な『TimeOut』の東京版、『TimeOut Tokyo』代表の伏谷博之さんなどをお招きし、課題解決の実践者としてスピーチをお願いし、その後グループ別の対話に参加していただいた。

また、桑原区長以下、副区長、参加職員の上司にあたる部課長はオーディエンスとなって最後のプレゼンテーションを聞いていただいた。若い職員から続々と提案される具体的かつ現実的な多くの提案に、区長自らその場で部下の方々に確認や指示を出していた真剣さが、参加者すべてを熱くさせていたことも付記しておきたい。

２０１３年12月に6カ月にわたる研修を終えたが、参加者からは「これまで経験したことのない研修で、得るものが大きかった！」という圧倒的な声が寄せられた。どれだけの波及効果があるかは終わったばかりなのでまだ未知数ではあるが、桑原区長からも驚きの電話がかかってきたくらいだから、彼らの意識を刺激したことはたしかだといえよう。

「職員の意識改革を促し、どう実践すればいいか考えていたところだった。今回の研修をきっかけに、管理職を含めた職員たちが渋谷のシティキャピタルを上げていこうという意識にスイッチが入ったのではないか」と区長はおっしゃっていた。

これまでにないダイナミックな試みなだけに、職員の皆さんの多くがはじめは戸惑いを感じていたかもしれない。でも、ありがたいことに区長自ら先頭に立ってくださっているので心強い。

渋谷区役所にピープルデザインを導入する試みは、まだ始まったばかり。デザイン思考のプロセスの最終段階は、「テスト」の先の「to do」である。２０１４年はさらに歩を進め、どのような手法を使って彼ら彼女たちから上がってきたプランを「to do」に落とし込んでもらうか、引き続き提案していくつもりである。

実はこのゲストスピーカーに招いた外国人居住者であるネルソン君やLGBT（レズビアン・ゲイ・バイセクシャル・トランスジェンダー）の杉山君の話をヒントに、まったく別企画もすでに始まっている。大家さんによっては、彼らの特性を賃貸を拒む理由とする場合も多く、彼らは住む家を探すことに困っているというのだ。僕たちのNPOでは、さっそくマイノリティテナントに寛容である賃貸条件をウリにした、ピープルデザインマンション企画をマルイホームサービス社と始めたところだ。

渋谷の企業の価値を高める

渋谷区役所での研修の目的は、職員の皆さん一人ひとりのダイバーシティに対する理解と、少数派ゆえに後回しにされがちなマイノリティの課題への意識を高めること、そして、それを起点に全体を考える視座を持ってもらうことであった。また同時に、彼ら自身がピープルデザインの実践者になることが狙いたい効果のひとつでもある。

もちろん渋谷の価値を上げるのは、区役所だけではない。渋谷に拠点を置く企業の存在こそが欠かせない。渋谷には、上場企業が150社以上あり、アパレルや百貨店、IT、エンターテインメントなどその業種も多様だ。

これらの企業に勤める人たちを巻き込み、それぞれのエンドユーザーに対してピープルデザインを積極的に取り入れてもらえる未来をイメージしている。それによって企業の価値が高まり、結果的に商いの伸びしろを上げることにつながると僕たちは考えている。

いま、企業にとって何を自社の「価値」にするかは避けることのできないテーマとなっている。商品やサービスというものを考えたときも、機能や価値だけでなく、どんな付加価値を送り手である企業が伝えることができるかによって、消費者の動向は変わってくる。

ひと昔前、それはブランド名だったり、デザイナーの名前だったり、コマーシャルに出演するタレントの知名度・人気度だったりした。しかし、いまは違う。Ａｐｐｌｅの例を出すまでもなく、社会課題を解決する要素が当然のごとく盛り込まれた商品やサービスがその企業の価値を高め、競合に打ち勝つ優位性をつくるのだ。

ネクスタイドで培ってきたソーシャル・イノベーションの手法とピープルデザインの持つ可能性、そして渋谷のマチを媒体ととらえた立体的な展開は、渋谷区に在籍する企業にも活用していただければ幸いだ。ピープルデザインの思想を組み込んだ施策をコラボすることによって、企業の価値を高めることに貢献していきたいと考えている。

PEOPLE DESIGN

シブヤの未来を「商店街」つながりで語り合う

商店街をピープルデザインストリートに

渋谷は商店会の複合体という見方もできる。なんと、現在（２０１３年12月）、渋谷区には６ブロックに分かれた58もの商店会が存在する。そして表参道、明治通り、公園通り、センター街、キャットストリート、キラー通りなど、個性的な魅力を持った商店街やストリートがたくさんある。

しかし、「神宮二丁目商店街」といっても、ピンとくる人はそう多くはないだろう。裏原宿を抜けた、千駄ヶ谷に近いエリアにあり、小さな個人商店や飲食店が並んでいる短い通りだ。いま、その商店会の皆さんと一緒に、この通りをピープルデザインストリートにしようという新たなプロジェクトが始まっている。

さまざまな個性を持った人たちが集い、混ざり合えることがその商店街やストリートの新しい魅力となるように、マイノリティに寛容であることを発信するイベントを核とした対話や提言を地域の人たちとともに行っている。

端的に言えば、ダイバーシティの実現を骨格にした商店街の活性化プロジェクト。ネクスタイドの拠点である渋谷というビッグシティで「やります」と広げた大風呂敷を、物理的にもいちばん弊社の事務所に近い地元の商店街で、地に足をつけてしっかり始めます！という取り組みだ。大きな渋谷に至るには、小さなひとつひとつの商店街をつなげて考えていく必要があり、そこを避けては通れない。意思を持っていちばんこの点を大事にするために、そのロールモデルづくりを神宮二丁目商店街から始めようというのだ。

NPO法人ピープルデザイン研究所を立ち上げてからは、マイノリティの範囲を広げた活動を展開している。そもそもの活動のきっかけが僕の次男がハンディキャップを持って生まれたことだったため、活動や配慮対象のイメージは、自ら歩行、あるいは車いすでの移動が可能な身体障害、軽度の知的障害までの範囲だったことは事実だ。

しかし、社会を見渡してみると、マイノリティ（少数派）はさまざまな属性に及んでいることがわかる。従来のイメージにある社会的弱者だけではなく、LGBTと呼ばれる性的マイノリティも含まれる。また、赤ちゃんを乗せてバギーを押したり、抱っこしたりしながら荷物を持って買い物をしているお母さんたちも、常に我が子に注意を向ける必要に迫られ、自身の自由が制限されている状況を考えれば、期間限定のハンディキャッパーといえる。妊娠中であれば、なおさらだろう。渋谷は外国人観光客も多いが、日本語がわからずに困っている様子の人を見かけることもある。僕たちが外国ではそうであるように、彼らもまた期間限定の〝言語障害者〟といえるだろう。

マイノリティとは、障害者手帳を持っている人だけではないのだ。こうした、マチの中で不自由を感じているさまざまな人たちの目線に立って見渡してみると、いろいろな問題、彼らにとってのバリアがあちこちにあることに気づく。そうした課題に対して神宮二丁目商店街というストリートを舞台に、ピープルデザインを活用した具体的な姿として解決策を提案していきたい。

マチの課題を語り合うピープルデザインカフェ

神宮二丁目商店街には「神二商和会」という商店会がある。佐藤正記会長をはじめとするメンバーにはご年配の方も多いのだが、その発想の若さに驚く。〝よそ者〟であるはずの僕たちに対しても、〝住民〟として受け入れていただいていることが何よりも嬉しい。皆さんと月1ペースで会合を設け、どうやってこの商店街を盛り上げていくか話し合っているところだ。

その中で実現に結びついたコラボ企画のひとつが、「ピープルデザインカフェ」だ。

これは、マチづくりや福祉などの分野に限らず、「渋谷の課題」について語り合う課題解決型の公開ディスカッションイベント。渋谷に住む人だけでなく、通勤・通学している人、渋谷が好きで集まる人など、誰でも参加することができる。毎月一度の開催で、渋谷区内のカフェや公共施設など場所はその都度変えながら、すでに15回を数える（2013年12月現在）。

集まる人たちは、さまざまな業界・業種の企業人や学生、主婦の方など毎回多種多様だ。これまでに語り合ったテーマもさまざま。主なものを挙げておこう。

・外国人にとってフレンドリーなマチ
・渋谷の公園の未来
・魅力的なストリートのあるマチ
・渋谷のオアシスを増やす（水道水が気軽に飲めるマチづくり）
・モビリティの可能性
・ＬＧＢＴとマチづくり
・子どもが集える商店街

・シティキャピタル、シビックプライドって何？（世界の都市事情）
・ストリートミュージアムを考える、マチを美術館にしよう……などなど

毎回、テーマに沿ったスペシャリストをゲストにお招きし、集まった人たちと具体的な解決策を考えるだけではなく、〝行動〟のアウトプットを目指している。

講義形式ではなく、カフェで集まって話をするような感覚を大切にしている。それぞれの立場を超えて、対話形式でアイディアを出したり、解決方法を探ってもらうため、ここでも前述したフューチャーセンターの手法を取り入れている。

奥原宿ストリートミュージアム

２０１３年12月には、神二商和会と連携した「奥原宿ストリートミュージアム」という新たな試みが実現した。全体をディレクションしたのはピープルデザイン研究所理事で、株式会社トーンアンドマター代表としてさまざまな地域再生や事業活性化を手がけている広瀬郁氏だ。

かつて、竹下通りを抜け、明治通りを挟んだファッション店舗がひしめくエリアが「裏原宿（通称ウラハラ）」と名づけられたように、最近、ファッション業界では、神二商和

NPO法人ピープルデザイン研究所が企画デザインした、神宮前二丁目商店街の街路灯

会のある、神宮前2丁目エリアを「奥原宿」と呼ぶようになってきた……というふうに業界紙で書かれるのがいいよね！　という話が盛り上がるままに、神二商和会の皆さんとの合議で決めた名称が「奥原宿」だ。

この奥原宿を、ピープルデザインストリートとして広くアピールするためのひとつの手段として何かできないかとの相談が、1年前から商店会が都と区に申請を出していた42本の街路灯設置の案件だった。予算は限られ、デザインもこれからだという。僕たちのアイディアは、商店街に立つ42本の街灯に展示機能を持たせた「ストリートミュージアム」に仕立てようというものだった。

ＬＥＤ電球の採用で、明るさと省エネを確保しつつ、人の目線の高さには展示ショーケースを設けるデザインにした。展示物にストーリー性を持たせることで、42本の街灯を頼りにひとつひとつの展示内容を観賞しながら、マチ（神二商和会エリア）をめぐる楽しみと対話というコミュニケーションを生み出そうとした。こうして回遊性をつくることで、奥原宿に人の流れができ、賑やかなエリアになっていくだろうと目論んでいる。これらのコンセプトを受け、中でも重要な街路灯そのもののデザインは、建築家であるＰＯＩＮＴの長岡勉さんにお願いし、味のある外観に仕上げていただいた。

初回の展示内容は、50年前（１９６４年）に開催された東京オリンピックの記憶を、当時の写真を通して振り返るというものだ。このエリアは交通インフラに加えて国立競技場や東京体育館などの施設が整備された中心地。その当時を知る貴重な写真は、神二商和会メンバーの諸先輩方が保管していたものを持ち寄っていただいた。オリンピック開催当時のさまざまなシーンの写真を40点集め、アートディレクションを武田英志氏に依頼。最後に同商店街で営業を続ける藤田写真店さんにパネル化していただき、展示公開した。

今後は、地元小学校の児童たちと連携した本格的なアート作品などを地域発信型の企画を中心としながら、世界基準のクオリティで展開させていきたいと思っている。

街路灯のストリートミュージアム企画第一弾「東京オリンピックの記憶――1964」

実は街灯に展示ショーケースを設けたのには、もうひとつ狙いがある。この街灯の清掃やメンテナンス、展示物の入れ替えなどを、渋谷区内の福祉作業所で働く障害者の方々に担っていただきたいと考えたからだ。実際、初回企画のパネルのセットアップの仕事は、千駄ヶ谷にある就労継続支援B型事業所みどり工房にお願いし、２０１３年12月の週末に集まってくれたボランティアスタッフの皆さんと一緒に掲示作業を行った。

このほか、奥原宿エリアをピープルデザインストリートに演出するアイディアは枚挙にいとまがないが、神宮二丁目商店街から広がる活動に今後も注目してほしい。

PEOPLE DESIGN

地域との協働で「ピープルデザイン」を広めていく

富士宮市と協働による認知症フレンドリーなマチづくり

マチをフィールドに、ピープルデザインを具現化する試みは、渋谷以外でもいくつかの地域で始まっている。

そのひとつが、静岡県富士宮市とのコラボレーションである。

日本の高齢化対策を視察したフィンランドとデンマークの両国が、非公式な場ではあるものの、「あまりにも長期的かつ具体的な施策が見えないので驚いた」と感想を漏らしていたことを先に紹介した。とはいえ、成功事例がまだ表立って出てきていないだけで、超高齢社会に至った現在、官民それぞれがさまざまな施策を探求しているのはたしかだ。

富士宮市との取り組みはその一環で、総務省の平成24年度補正予算を活用した「ICT超高齢社会づくり推進事業」プロジェクトである。

これは国際大学GLOCOMが主管となり、「認知症の高齢者を含む多世代の多様な人々が参画する地域コミュニティ醸成モデル形成事業」(通称:富士宮プロジェクト)として、2013年10月にスタートした。中心メンバーは、NHKのディレクターを辞して認知症の問題に取り組んでいるスマートエイジングの徳田雄人さんをはじめ、富士通研究所の岡田誠さん、アメリカのストラテジック・ビジネス・インサイツ社、イギリスの公的な国際文化交流機関であるブリティッシュ・カウンシルの皆さんと、僕たちネクスタイド、そして富士宮市。世界遺産になった富士山のふもとであるこのマチを舞台に、高齢者と若年層に代表される「多世代、多様な人々の混ざり合い」をICTを活用しながら先行モデルに仕立てていこうという企画である。

富士宮市には、人口約14万人に対して9000人の認知症サポーターがおり、全国に先んじて高齢化対策を進めている自治体のひとつだ。ご当地グルメの「富士宮やきそば」で一躍有名になり、B級グルメのマチという印象が強いかもしれないが、地域活性化のテーマに「認知症やハンディキャップを持った人たちが孤立せず、安心して暮らせるマチ」を掲げる自治体である。つまり、富士宮市は認知症やハンディキャッパーの人たちにフレンドリーなマチ、ということを地域の価値にしていこうとしているのだ。

プロジェクト自体は2011年から実施しており、2013年に総務省の「ICT超高齢社会づくり推進事業」において、ピープルデザインの発想をこのモデル事業に加えたいという提案をいただき、8月から僕たちも活動に加わることになった。

写真をツールに、高齢者と高校生の交流を演出

具体的には、イギリスを拠点に活動するソーシャル事業「We Are What We Do」がGoogleと提携し、2011年に開発した「Historypin」というオンラインプラットフォームを活用していく。

「Historypin」は、Google Map上にその場所で撮影された写真やビデオ、オーディオファイルなどをピンで留め（投稿し）、世界中の人とシェアすることができる新し

いコミュニケーションツールだ。

２０１３年10月に立ち上がった「Historypin Japan」のサイトには、「１枚の写真を通じて、過去の記憶や風景を共有することで人々の対話のきっかけとなり、異なる価値観の共有や新たな信頼関係の構築、地域社会の世代間格差、コミュニティの結束、社会参加を促進する」とある。僕たちが富士宮を舞台にやろうとしているのは、まさに「写真を活用した多世代の交流」すなわち「混ざり合い」の実現である。

このプロジェクトの未来図は、たとえば次のようなものだ。

地元の静岡県立富岳館高等学校の生徒に参加してもらい、地域の高齢者の皆さんに呼びかけ、過去に撮影して保有している富士宮の風景写真を提供していただき、高校生が高齢者の代わりにHistorypinに投稿する。高校生には現在のマチの風景を撮影してもらい、同様にHistorypinに投稿してもらう。Historypinに留められた写真は、同じ場所の時代の異なる風景をストリートビュー機能を使って重ねて見ることができるので、写真を通じて時代の変遷がありありとわかる。高齢者にとっては懐かしい過去の記憶を呼び覚ますことになり、高校生にとっては、自分のマチの歴史を知るきっかけとなる。

狙いは、１枚の写真をきっかけに高齢者と高校生の間に会話が生まれることだ。たとえ認知症を患い、記憶力が失われている人でも、自分が子どもの頃の記憶は鮮明というケー

「富士宮プロジェクト」と題して、静岡県立富岳館高等学校の生徒が考える高齢者との対話企画。同校「寄り合い処」にて

スは多い。「あの頃は、こうだったんだよ」「この場所には○○があって、賑わっていたんだ」など、昔のマチの様子を話すことができるかもしれない。そして普段接することのない高校生とのコミュニケーションの機会は高齢者にとって生活の張り合いとなり、逆に高校生にとっても普段ふれあう機会の少ない高齢者を知り、さらにそれは認知症を理解するきっかけになるだろう。

従来〝病人〟とされ、〝分けられていた〟認知症の人たちが、地域の中で当たり前に混ざって暮らせるような、対話のある豊かな暮らしづくりに向けた施策。写真というコンテンツを使い、ピープルデザインの視点に落とし込む施策の幅は広がりを見せる。

富岳館高校はそもそも地域と連携した取り組みが盛んで、「寄り合い処」という名称で、毎週地域の高齢者と交流する企画をすでに続けていた。この学校で富士宮プロジェクトの一環として、また福祉系列のカリキュラムの一部として、2・3年生を対象にワークショップ形式の授業を行った。生徒の皆さんに「写真を活用して認知症を含む高齢者とのコミュニケーションを促進するイベントを企画せよ」というテーマのもと話し合ってもらった。

そこでまとまったのが、地元商店街で毎月16日に行われている「十六市」に赴き、路面に面した公民館を借り、多世代から集まった写真の数々を大きな地域の地図を貼った上からピンで留めていくようなリアル空間でのイベントである。

狙いは、とかくデジタルありきに流れがちな時代にあって、「肉声をともなう実際の対話」をコミュニケーションの第一義に置き、それを効率化する「手段としてのICT」を構築することである。

高校生たちが案内役となって、リアルな写真をデジタルに取り込み、ウエブ上で世界とつながる作業そのものを、アナログな空間の中で多世代に対して伝えることにも意味があると考えている。

現在、認知症の人は、全国に約460万人以上といわれ、認知症予備軍を含めると1000万人弱との試算も出ている。彼らが単に「病人」として一般の人と分けられるのではなく、社会の中で共存共生していくために、ピープルデザインの発想を活かしていきたいと思っている。

消費ではなく交換、そして蓄積

繰り返しになるが、我が国は少子高齢化が加速している。財政面においては1000兆円もの借金（国債発行額）を抱えている状態にありながら、さらなる未来世代からの借金をとめる気配はない。特に社会保障費の急増（1990年代は歳出全体の17・5％程度だったのが2011年度には31％を占めるまでに）が財政を圧迫しているのは、周知の事実である。政府は消費税率を上げて、財源を確保しようとしているが、その使い道も含めて、「何を」「どのように」という将来にわたる具体的な政策が見えないようでは、破綻寸前の財政を立て直すことは困難だ。この先も少子高齢化が進展するであろう中、もはや社会保障費の削減は避けて通れない筋書きだろう。

医療や福祉の財源が逼迫していく中、行政コストを圧縮しようという風潮の中で、僕たちの自助努力による支え合いの仕組みづくりはさらに重要性を増す。

ピープルデザインという考え方が各行政サイドからも注目されるようになったのは、さまざまな法律や施策による予算配分、つまり「一人当たりいくらまでなら保障できます」という従来型の発想だけではなく、人々の思いやりの発露による行動によってさまざまな社会課題を解決していこうという、財政に重く圧《の》しかかるコストを下げる方法として寄与する可能性を合わせ持つ発想だからかもしれない。

消費より交換、そして習慣の蓄積による課題解決を目指す考え方こそピープルデザインの出発点であり、ダイバーシティ実現に向けた肝心かなめだ。いま改めてそのかたちのない「思いやり」を交換し合い、「ありがとう」の気持ちを蓄積していくことが、成熟した共生社会や多様化社会を育む礎となると期待している。

文化というものは、その時代を生きる人たちによって生み出されたムーブメントを事後的に表したものだと僕は思う。新たなムーブメントは、どんなことでも楽しくてワクワクするほうが訴求力は高い。その意味でも、ピープルデザインが持つ可能性は大きいと考えている。これまで義務や援助・支援として行っていたことを、楽しくてやってみたい自分事という領域に置き換えていく。ファッションやエンタメ、スポーツという誰もが楽しめるコンテンツにこだわるのは、それがより多くの人が参加しやすいフィールドであり、

「混ざり合いのマチづくり」を推し進める駆動力になると確信しているからだ。

この章では、僕自身が人生の中で多くの時間を過ごしてきたマチ、シブヤ発の展開を中心に話してきた。２０１４年からは、小学校時代以来40年間にわたって暮らしてきた我がマチ、川崎市にも貢献していきたい。

ピープルデザインを〝住むマチ〟のマチづくりに活用すべく、さまざまな企画を提案していきたいと、現在、準備を進めているところだ。

PEOPLE

ピープルデザインをとおしたシゴトづくり・ヒトづくり

DESIGN

05

オランダのTU Delftデルフト工科大学をはじめ、各国から招聘を受ける

次世代のための「シゴトづくり・ヒトづくり」

僕たちの活動がテレビやラジオで取り上げられるようになると、全国の中学校の人権の授業、行政主催の講演会、福祉事業者の集まりから地方都市の経済同友会などにお招きいただく機会などが爆発的に増えた。

そうした場面で、いつも感じることがある。

長い間、従来型の福祉行政にかかわった方々や、役所や学校の職員の方、市民大学などのイベントに参加されるような団塊世代以上の方々からは、「こうすべきだ」「こうしてほしい」「ああすべきだ」「ああしてほしい」と多くのご意見をいただくことがある。そのようなご要望を数多くいただく反面、具体的に「では、ご自身でどうするか」という話の流れにはならないのが正直なところだ。

あるいは、質問を促してもまったく質問が出ないというケースも多い。彼らの善し悪しを論じるのが趣旨ではないのでご容赦いただきたいが、ここでも「次の世代にダイレクトにメッセージする」必要性を強く実感するに至っている。主体性、新しいものを受け入れる寛容性、そして文字通りの頭の柔らかさは重要だ。自分自身を常に省みながら痛感しているのが、この点なのだ。

こうした理由から、最近は参加者の属性を主催者とよく話し合ったうえで、なるべく「次世代」が参加する企画や、学校の授業などを優先してお受けするようになった。

NPO法人ピープルデザイン研究所を起こして間もなく2年。

繰り返し述べてきたように、最も大切にしたいターゲットは「次世代」である。これから親になるであろう世代と、その子どもたち。活動を続けていく中で、彼らを「心のバリアフリー」をクリエイティブに解決していく方法の主体者として考え、「で、どうするか」のto doをともに導き出し、行動を促したいという思いが強くなった。ゆえにモノづくり、コトづくり、マチづくりと取り組んできた自分たちが、今後最も力を注ぎたいと考えていることのひとつがピープルデザインの思想を次世代に伝えること、つまり「ヒトづくり」なのである。

また、これまで福祉の領域に必要以上に留められ、働く意欲があってもその機会をなかなか持てず、社会で自立して生きていくこと、つまりオンステージで堂々と生きていくことの選択肢が限られていた障害者の方々の雇用創出と就労支援（シゴトづくり）を推進することも、広い意味での「ヒトづくり」だと認識している。いままでの取り組みや施策のきっかけの多くがそうであったように、間もなく養護学校を卒業し、社会に出て仕事を始めることになる次男のその時々の〝近況〟が僕を方向づけているのかもしれない。

そこで、最後となるこの章では、ピープルデザインの新たな領域である「(障害者の)シゴトづくり」、そして、ピープルデザインを次世代に継承していくための「ヒトづくり」についての取り組みを紹介していこう。

PEOPLE DESIGN

障害者の就労環境にイノベーションを起こす

時給100円台の現状をどう考えるか

まず、「障害者の仕事をつくり出す」という取り組みについて、実際に現在進行形で取り組んでいるプロジェクトを紹介するが、その前に、ちょっとカタイ話を。

障害者にまつわる法律は障害者の自立支援に関する法律をはじめ「身体障害者福祉法」「知的障害者福祉法」「精神保健福祉法」「発達障害者支援法」、昨今話題にのぼる「障害者差別禁止法」など、多岐にわたる。今日、それらのベースとなっているのが「障害者基本法」（1993年制定、2013年改正）である。
この法律の理念と目的は、「障害の有無によって分け隔てられることなく、人格と個性を尊重し合いながら共生する社会の実現」を目指し、「障害者の自立と社会活動参加の支援」を推進するとしている。

要するに、僕が夢想した、実体としての「混ざり合いの社会」の実現であり、障害者がひとりで自立して生活できる社会整備を目的としている。さらに、2013年に「障害者総合支援法」と名称が変更された、2005年に成立し、2013年に「障害者総合支援法」と名称が変わった「障害者自立支援法」では、障害者の就労支援をさらに推し進めていくことがうたわれている。本書の目的は福祉の専門的な知識を伝えることの外にあるのだが、次男の存在をきっかけにぜひ知っていただきたい現状を実例を挙げながら述べさせていただくことをご了承願いたい。

現在、一般企業などに就労することが困難な障害者は、「就労継続支援事業所（いわゆる福祉作業所）」と呼ばれる施設で就労機会を得ている場合が多い。就労形態は「就労継続支援A型」と「就労継続支援B型」の2種類ある。さらにくわしく言うと、A型は〝雇用型〟とも呼ばれるように、事業所と障害者が雇用契約を結び、原則として最低賃金を保障するしくみ。これに対し、B型は雇用契約を結ばない〝非雇用型〟である。そしてA型の平均月収は7万2000円、B型は1万4000円（内閣府『平成25年版障害者白書』より）となっている。

東京都平均の「就労継続支援B型事業所」の時給は2013年実績で205円程度。それでもなぜ通うのか。僕の個人的な気持ちとしては、18歳になった息子がずっと家にいるよりは、たとえ労働の対価が実際に提供された時間や労力に見合うものでなかったとしても福祉作業所での仕事を通じて社会との接触が持てる方がベターだと思うからだ。

A型B型ともに障害者が働く地域の事業所で提供される賃金にはばらつきが大きく、B型事業所でも中には月1000円程度のところがあれば、神奈川県平塚市のスーパーマーケットやホンダの仕事をしている進和ルネッサンスのように月5万円近くが得られるケースもある。これに障害者手当などを足して、なんとかグループホームや実家で暮らしているというのが、次男と同じレベルの障害者の実状なのである。

賃金だけに着目すれば、あまりに低い。独立独歩での自立した生活のハードルはとても高いように思える。ただ僕たちの目的は、この事実に対してこぶしを上げることではない。

納得のいかない状況に直面したら、自分の力で変えてみようと行動を起こすのが僕たち

渋谷区内の福祉作業所で、コミュニケーションチャームを製作する利用者の方々

のやり方。国や行政がしてくれることを待つだけでなく、改善、改良、アイディアをかたちにしたい。自分たちで障害者の人たちが働ける「仕事」をつくればいいのだという思いから、いくつかの企画をスタートさせた。

最初の挑戦として取り組んだのが、前に紹介したコミュニケーションチャームの製作を渋谷区の福祉作業所で働く人たちに依頼することだった。

ネクスタイドのディレクターでピープルデザイン研究所の実務進行を担っている田中真宏がヘッドとなり、1年かけて渋谷区にある8カ所の障害者の就労支援事業所に通いつめ、どこの施設にどんな障害を持った人たちが働いているかをリサーチした。

目的は、「利用者さん」と呼ばれる障害者の仕事内容の実態把握にある。どんな仕事であればできるか、またその作業レベルは安定しているかを確認することだった。

その結果、ハンディがあっても、「組み立てる」「ひもを通す」「結わえる」という作業はほとんどの人ができることがわかった。そこで、デザイナーにそれらの「仕事」を盛り込んだアクセサリーの実現を見たのが、このコミュニケーションチャームなのである。

チャームの製作過程のうち、ゴムひもを仕分ける、結ぶ、取り付ける、パッケージする、そして完成品の検品梱包作業は、現在、渋谷区の4カ所の福祉作業所に通う「利用者さん」の手で行われている。

最終形のデザインもインターナショナルブランドのデザインを手がけるアーティストたちによるものだ。スポーツメーカーや有名ブランドとコラボしてオシャレなシューズを開発したのと同じように、ファッションアイテムとして流通させることへのこだわりを、ここでも発揮している。

結果、いまや海外でも絶大な人気を誇るアーティスト、きゃりーぱみゅぱみゅ所属の事務所であるアソビシステムや俳優の要潤さんなどにも協力をあおぎ、セレクトショップのSHIPS、クールジャパンで一躍有名になったゴスロリブランドのプトマヨで有名なハイパーハイパー社の裏原宿の各ショップ、また新興ブランドを扱うケラショップ、そして渋谷区役所内売店などで販売されている。展開を始めて約1年。販売数量は２０１３年12月時点で約８０００個。１日約20個程度売れている計算だ。

また、テレビやラジオなどの取材報道をきっかけに、北海道や京都などに販売の輪も広がり、取扱店舗は確実に増えている。

PEOPLE DESIGN

ピープルデザインでつながる仲間たち

心意気の波動は伝播していく

コミュニケーションチャームはメディアからも注目され、ＮＨＫをはじめ、ラジオや地方局のテレビ番組でもかなり取り上げていただいた。それを見たと言う、京都の福祉施設で新しい風を起こしている吉野智和君から、「これは福祉に携わる職員こそ身につけるべきもの。施設内だけでなく、通勤時やプライベートでもみんなで身につけて意思表示をしていこうと思います」と嬉しい反響をいただいた。すぐに独自に京都の福祉施設発で広めていただき、3カ月でおよそ3000個を仕入れ・販売してくれたのである。

その後も、ことあるごとに「こんなふうにつけてます!」というバッグやジーンズの〝着用シーン〟をFacebookに投稿したり、送ってくれたりしている。

いまごろ、京都や滋賀、奈良、そして新潟の福祉施設に勤める職員の方たちの間で、このコミュニケーションチャームが一気に広まっているかと思うと最高に嬉しい。

波及効果はまだある。

障害者の就労環境の改善や工賃アップを目的に、障害者の雇用拡大や就労支援を継続的な事業視点をもって実現しようという次世代のニューカマーたちが、いま、全国に増えつつある。

そのひとつ、京都で吉野君が主宰する「エクスクラメーション・スタイル」は、障害のある人たちのクリエーションに注目するプロジェクトだ。

障害者のつくる製品の中には、すぐれた手仕事の技術や機械設備などの背景を持つ作業所も少なくない。しかし、その活動を社会資源ととらえ、個々の活動をつなぎ合わせ、社会に送り出していく思想やしくみがこれまで構築されていなかった。この問題を解決するため、エクスクラメーション・スタイルでは、障害者が手がけた製品を一般市場のみでこだわりをもって販売している。全国のセレクトショップで販売されるほか、フェリシモで通信販売されるなど、その品質は高く評価されている。

同じように、福祉施設の製品にハイセンスなボトルやパッケージデザインを付加し、オシャレな商品として売っていこうと取り組んでいる「あおぞらコーポレーション」というNPOが新潟にある。また、あくまでもオシャレな雑貨としての見せ方にこだわっている、藤本光浩君がバイイング、マーチャンダイジング、販売を手がける杉並のショップ「マジェルカ」やARIGATO GIVINGなども要チェックだ。滋賀県内の6つの酒造メーカーがコラボし、酒粕を使用し、障害者によってつくられた商品を、デパ地下スイーツとしてもひけをとらない製品に仕上げているのが、「湖の国のかたちをつくる会」のメンバーである市田恭子さんが率いるチーム「Team coccori」が企画デザインを担当した生レアチーズ。滋賀県の福祉施設「あゆみ作業所」製造の「湖のくに生チーズケーキ」だ。

障害者の農業の就労と田畑で収穫した野菜を乾燥粉砕し、パウダーに仕上げる。その野菜パウダーをシェフに卸したり、大津市のがんばカンパニー製造による「野菜クッキー」に仕上げたのは、同じくNPO法人就労ネットワーク滋賀で働くイケメン所長荷宮将義君である。

また、辻口博啓シェフをはじめとする有名パティシエの指導やレシピで、全国の福祉作業所のクッキーづくりを連動させ、すぐれたパッケージデザインを施したうえで、百貨店などで販売を加速させている「テミルプロジェクト」など、一大ビッグウエーブの到来はすでに始まっている。

新しい世代と新しい切り口で、「障害者＝かわいそう」という意識を「カッコいい」「カワイイ」に変えようとしている挑戦者たちが全国に、キラ星のごとく出てきているのだ。それはまだ決して主流ではないものの、いくつもの小さな支流となって、ヨコでつながり、少しずつその勢いを増してきている。

僕も彼らと連携して、次に紹介するような新しいことを仕掛けようとしているところだ。かつてサラリーマン時代にはバブル景気に乗りながら、誰よりも先に新しいブランドを世界中探してまわった。現在は、そうしたファッションブランド以上に、障害者の仕事を生み出すソーシャルなブランドや、その仕掛人たちとダイレクトにつながっていく毎日がとてもエキサイティングなのだ。

Drive your own way. Be yourself. アルファ ロメオからの支援

イタリアを代表する自動車メーカーのフィアット・クライスラージャパン社は、CSR活動に熱心で、5つのブランド（フィアット、アルファ ロメオ、クライスラー、ジープ、アバルト）、それぞれにテーマ性を設けた社会貢献活動を展開している。

中でも、アルファ ロメオは〝Drive your own way. Be yourself（すべての人々が、自分らしく生きていける社会のために）〟をテーマにした社会貢献を行っていることもあり、ＮＰＯ法人ピープルデザイン研究所の思想や活動にご賛同いただいている。

２０１３年から強力なサポートをいただくことになったきっかけは、学術・ソーシャル・エンタメ・デザインなどさまざまな分野で活動する人がプレゼンテーションを行うイベント、「ＴＥＤｘＫｉｄｓ＠Chiyoda（テデックスキッズ・チヨダ）」での20分のスピーチだった。

僕のスピーチをご覧になった方が知人にその話をし、その知人がそのまた知人に伝えた。少し遠いが、その人がアルファ ロメオのエージェントであったことから、急遽２週間後の２０１２年ＦＩＡＴシンポジウムでプレゼンしてほしいとの依頼が舞い込んできたのだった。

当日、会場に行ってみて驚いた。そのプレゼン・スピーチ会場は恵比寿ガーデンホール。オーディエンス２０００人が見守るステージだったのだ。

以来、アルファ ロメオには僕たちが主催するさまざまなイベントのスポンサーになっていただいているほか、アルファ ロメオモデルのコミュニケーションチャームの製作も依頼された。

「弊社のノベルティに使いたいから、アルファ ロメオらしいデザインでお願いしたい」という注文をいただき、僕たちがクリエイティブを担当してつくったのが、アルファロメオカラー（ボルドーのような深い赤）を全面に配したデザイン。1000個単位で注文をいただいたコラボモデルは、彼らのCSR活動の場などで配布されるほか、ピープルデザイン研究所とネクスタイドの共同主催による「MIXTURE！PEOPLE DESIGN FES」のイベント会場などでも来場者にプレゼントされた。ファッショナブルなデザインが多くの人の目をひき、あっという間に用意した数に達する人気ぶりだった。

製作単位が増えれば増えるほど、作業所で働く障害者に発注する仕事の量も増える。今後も僕たちの活動に賛同してくださる企業やブランドとのコラボモデルを展開し、コミュニケーションチャームの製作を皮切りにファッショナブルな出口を用意し、さまざまなモノをつくることを通して「障害者のシゴトをつくる」に貢献していきたい。

MIXTURE! PEOPLE DESIGN FES

ちなみにこのフェスは、「MIXTURE！ PEOPLE DESIGN FES」という名の通り「ピー

下半身まひの方の依頼で誕生したハンドバイク。カッコいい乗り物として子どもたちに大人気

プルデザイン」をテーマに、「体験」「セッション」「販売」など来場者にダイレクトに楽しんでもらう企画だ。第2回目は、東京体育館でも行われた国体「スポーツ祭東京2013」の障害者スポーツデイを皮切りにスタートさせた。

東京都スポーツ局と渋谷区教育委員会スポーツ振興課と連携しながら、千駄ヶ谷の東京体育館で行われた「第13回全国障害者スポーツ大会」（2013年10月12～14日開催）の屋外スペースのイベントを企画・運営。会場には、健常者もハンディを持った人や多国籍、多世代の方々が多数来場し、まさに「ダイバーシティ」の場を実現できた。

イベントを行うたびにジャンルを超えた仲間たちが増え、みんな笑顔に

イベントメニューとしては、ハンドバイク（クランクを手で回して駆動する自転車）やQUOMOの協力によるセグウェイの試乗会を開催。また、小笠原舞さんほか現役保育士が主宰するasobi基地／こども未来探求社のサポートで大会観戦中の父母が安心して子どもを遊ばせるスペースを確保したり、ブラインドサッカーイベントも併催した。

ちなみにハンドバイクは、本来下半身まひの障害者向けに開発された乗り物なのだが、ハンドバイクジャパン社がスタイリッシュなフォルムに仕上げてくれた。電動立ち乗り二輪車であるセグウェイなどに通ずる新しいマチの魅力的なモビリティとして、今後の普及をあと押ししたい。

イベントの定番スタイルとなっているもののひとつに、NPO法人グリーンバードとのコラボ清掃活動がある。今回のイベントでも地域の福祉作業所に通う障害者とグリーンバードの若いボランティアスタッフたちが和気あいあいとイベント会場周辺をキレイにしていた。

フェスはこの2日間以外に、日にちを変えて音声ガイダンスの上映会イベントを実施。そしてフィナーレは、今回新しく企画した販売イベント。ファッションの本丸・渋谷の公園通りに位置する渋谷パルコの協力を得て、その店頭で、全国の障害者の皆さんがつくった商品を〝カワイイ〟ファッション雑貨としてマルシェ風に一日販売したのだ。「障害者が一生懸命つくりました」的な従来型福祉の対極にある、おしゃれの一点突破、まさに「超福祉」な販売風景がここに実現した。

全体のコーディネートを大学の後輩でもある前述の杉並「マジェルカ」の藤本君に依頼。什器《じゅうき》にもこだわった。京都からエクスクラメーション・スタイルの吉野君や、滋賀から「Team coccori」の市田さんも駆けつけてくれ、難聴のダンサーＵｃｃｉや、ブラインドサッカーの加藤健人選手たちとのトークイベントそのものを会場のＢＧＭがわりに展開し、来場されるお客さまで1日じゅう賑わった。

公園や動物園で出会う「思いやり」の意思表示

もうひとつ、まったく異なる業界から僕らの活動に共感し、一企業として混ざり合いの社会づくりに取り組む日建総業株式会社を紹介したい。

総合ビルメンテナンス企業であるこの会社は、環境清掃管理、建物総合管理、公園・道路管理など公共性の高い施設の清掃や管理を行う東京都の指定管理業者だ。

「指定管理業者」とは、民間企業が公園や動物園、海岸、河川など公の施設の管理や都市整備を行えるようにした指定管理者制度にもとづいて指定された民間企業のこと。日建総業は、東京都公園指定管理業者として上野動物園や、東京港南部地区海上公園、都立夢の島公園などの運営・管理を行っている。施設内のパトロールや清掃、樹木・芝生の剪定《せんてい》や除草、環境保護など園内のほとんどすべての実務を請け負う。

つまり、僕たちが公園や動物園に行ったときに出会うであろう、チケットを販売している人、トイレを清掃している人、樹木を剪定している人……などは、この会社のような指定管理業者のスタッフなのである。

日建総業の経営陣は、自社のスタッフが来園者と接する機会が多いことから、できるだけ清潔感を保つことを心がけ、そして接する人たちに対しては思いやりを持って行動することを、会社のあり方として徹底していこうと常日頃から考えていた。具体的に、その姿勢をお客さまに示す方法はないものかと模索していたところ、あるご縁で僕の活動を知り、興味を抱いたという。

ピープルデザインのコミュニケーションチャームに特に関心を寄せてくださり、指定管理業者として任務にあたる100名以上のスタッフに、あのチャームを着用させてくださったのだ。

ところが実際に着用してみると、チェーンのゴムひも部分が作業するときに樹木などに引っかかってしまい、作業の邪魔になってしまった。ならば、ユニフォームそのものにコミュニケーションチャームの図柄を印刷してしまえばいいのでは、と提案。同社の方々もまた、アルファ ロメオや、次に紹介するJリーグ横浜FCと同様、社会貢献への関心が高く、僕たちの提案を喜んでくれ、すぐに採用が決まった。前述のフェスへの協賛のみならず、同業他社へのPRにもご協力いただいている。各社との2014年以降の企画も現在、数多く検討がなされているところだ。

2013年夏以降、彼らのユニフォームには、Tシャツも含めてすべてコミュニケー

日建総業のユニフォーム。上野動物園をはじめ、さまざまな場所で見かけることができる

ションチャームの図柄のアイコンがデザインされている。

「施設内で何か困ったことがあったら、遠慮なく声をかけてください。私たちがサポートいたします」

そんなメッセージを、研修を受けた公園や動物園のスタッフの皆さんが、発信しながら働いている。それ自体、とても素敵なことだが、ここでも「障害者の仕事をつくる」背景を組み込んだ。製作したユニフォームを検品、たたむ、梱包といった作業を、コミュニケーションチャームを製作している渋谷区の作業所に発注している。

PEOPLE DESIGN

障害者雇用・就労日本一の都市づくりを目指して

サッカースタジアムで働こう！

日本では総人口の約6％にあたる741万人が何らかの障害を抱えていると書いた。しかし、そのうち民間企業で雇用されているのはわずか41万人弱でしかない（厚生労働省「平成25年障害者雇用状況の集計結果」より）。

2012年度までは障害者雇用促進法により、企業は全従業員の1・8％にあたる人数の障害者を雇用しなければならないと定められていたが、全国平均はそれを下回る1・69％止まりだった。対象企業（従業員56人以上）の46・8％しか法定雇用率を達成できなかった計算である。全国の約半数もの企業が達成できていない現状だが、2013年4月には障害者雇用促進法が改正され、障害者の法定雇用率が2％に引き上げられ、対象企業も従業員数50人以上とハードルが高くなった。

1・8％でも達成できなかったものを、数字だけ引き上げられたところで、障害者雇用の投下コスト以上の有効性が確認されない限り、実現できるとは到底思えない。障害者の雇用を手間のかかるコストだと認識している古い体質の残っている企業は残念ながら少なくない。

では、どうすべきか。

僕たちの提案はこうだ。それぞれの企業に終身雇用を前提とした2％の障害者雇用を義務づけるよりも、職種にもよるが、自社内にある簡易な業務を、それに必要な人数の6％相当を目安にして、障害者の人たちに短期間の就労機会として与えてはどうだろう、というものだ。

会社の中に存在するさまざまな業務の中から、外注や単発で発生する仕事を洗い出し、その内容を検証してみると、障害者にできる仕事が実は多いことに気づく。たとえば、仕分け、封入、発送、または組み立てなどはその代表だ。

とはいえ、利益を追求する企業にとって何らかのメリットがなければ障害者雇用を積極的にすすめることは難しい。社会貢献への関心が高い企業は増えてきているが、それが慈善事業でしかなかったら、よほど資本力のある大企業でない限り、継続して障害者を雇用し続けることは現実的ではないだろう。

したがって、大前提として障害者の雇用や就労機会を促進させるには、仕事をしたい障害者と、仕事を依頼したい企業、「双方にメリットがある」ことが重要だと考えている。どうすれば、双方にとってメリットを得られるか。

我が息子のケースで考えてみよう。今年18歳になる彼は２０１４年3月に養護学校を卒業した後、「就労継続支援B型事業所」に通う予定になっている。

企業が、作業をアルバイトスタッフなどにお願いすると、ひと月に10万強、場合によってはそれ以上のコストがかかる場合がある。それをB型の事業所で働く僕の息子に、たとえば約半分のコストである6万円で依頼するとどうなるか。

企業にとっては、大幅なコストダウンにつながり、息子にとっては事業所や作業所で得られる収入の数倍の金額を手にすることができる。月6万円と言われてもあまりピンとこないかもしれないが、自分の月収が2倍になることを想像してみると、そのインパクトの大きさがわかると思う。15万が30万、20万が40万になるのと同じ実感になるのだ。

ポイントは、企業側に経営の命題である「利益の拡大」、あるいは「コストの圧縮」に障害者が貢献する存在たり得るのだと気づかせることである。この点が明らかになれば、障害者の雇用はいま以上に拡大し、より長く、持続的になる場合が多いのではないだろうか。

Jリーグ横浜FCのホームゲームで職業体験をする、横浜市内の福祉作業所の利用者さんたち

そのためのひとつの試みとして、ネクスタイドは、J2のサッカーチーム横浜FC（横浜フリエスポーツクラブ）とソーシャルパートナーシップ契約を2012年初頭に締結した。そして、ホーム周辺の神奈川区、保土ケ谷区を中心とする福祉作業所で働く障害者の人たちの就労体験のコーディネートを始めた。

横浜FCがホームグラウンド（ニッパツ三ツ沢球技場）でゲームをするとき、会場には約100名のスタッフが働いている。そのうちの6％、すなわち約6人の就労枠のキャスティングをする権利を預かっている。

実施するにあたり、コミュニケーション

チャームのときと同様、ネクスタイドのスタッフがまずはそのグラウンドにおおむね1時間以内にアクセスできる複数の福祉作業所をリサーチして回り、チケットのもぎりなどの作業ができそうな人を探すことから始めた。

各施設や作業所に通う障害者は「利用者さん」と呼ばれ、法律的には「客」にあたる。彼らのできる仕事のクオリティや種別は、体調やおもには精神的なコンディションによって異なる場合が多い。ゆえに、同一施設へ複数回リサーチすることが重要な要素となる。そして、本人と保護者や作業所の責任者、作業所を統括する保土谷区、神奈川区の作業所連絡会や横浜市福祉協議会など、関係各者に説明をしてまわりながら理解していただくようにした。

実現したのは、2012年5月ホームグラウンドでの試合から。横浜市保土ケ谷区と神奈川区の2カ所の福祉作業所から各試合9名の障害者の人たちが運営スタッフとして参加し、スタジアム入口でチケットもぎりやチラシの事前準備や配布の「仕事」を務めているのである。

正直なところ、このアイディアを実際にかたちにするうえで、いちばんのバリアになったのは事業所や行政の職員の皆さんだった。サッカーのホームゲーム、しかも大きな大会は土日に開催されるケースが多い。職員の方々も「利用者さん」も、土日は「休日」である。「何かあったらどうするか」「責任の所在」「休日出勤」の段取り……。実現に至ったのは、〝心ある〟ばかりではなく〝勇気ある〟事業所職員の方々であり、実際に参画することで明らかに表現や動きが喜びに満ちてくる「利用者さん」の姿は、２回目以降の参加モチベーションを格段に上げたのは言うまでもない。

やらない理由を探す大人は多い。やってみてから考えるというスタンスを、僕たちはいつまでも持ち続けたいと思う。

２０１４年で３年目を迎えるこの活動は、これまでに累計36名の障害者と12名９事業所職員の人たちが横浜ＦＣのスタッフとして参加し、１回あたり６％を超える９名の障害者たちが働く喜びを体験している。横浜ＦＣの大会会場スタッフの皆さんに対しても、障害者の人たちに仕事を任せて安心だという信頼を獲得できていることを実感している。

彼らには横浜ＦＣから直接、交通費実費として１人２０００円が支給される。キックオフ４時間前集合で作業開始後、実働は３時間である。横浜市の就労継続支援Ｂ型の平均時給は１４６円。３時間で２０００円はその４倍以上の金額である。手にする金額の大きさもさることながら、試合が始まったらスタンドへ移動し、ゲームを観戦できるのも彼らにとって大きな楽しみとなっている。

今後も、障害者の人たちができる仕事の幅をさらに広げ、働く喜びや生きがいを持てる機会を増やす努力を続けていきたいと思う。

横浜FCは、「ホームタウンプロジェクト」と打ち出し、地元横浜のマチにさまざまな角度から貢献する活動を行っている。ネクスタイドがともに提唱するピープルデザインの理念に賛同し、サッカーというスポーツを通じて、福祉作業所の方々の職業体験の創出を強化していこうという真剣な姿勢が感じられて、非常に心強い。

ホームグラウンドでの試合では、会場運営スタッフの皆さんがコミュニケーションチャーム（横浜FCモデル）をつけ、積極的にマイノリティのサポートを行うようスタッフ指導にも気を配っていただいている。

区民デーには、コミュニケーションチャームを会場内でも限定販売したが、もちろん、この横浜FCモデルは、保土ケ谷区と神奈川区の福祉作業所で障害者の人たちが製作を担っているものである。

PEOPLE DESIGN

みんなの気持ちにスイッチを押す

市井の人たちが新しい価値観をつくる時代

これまでピープルデザインの思想に賛同してくださった企業や自治体、NPOなどとコラボし、数多くの取り組みを行ってきた。

社会問題を解決したり、新しい社会をつくろうとするとき、誰かに任せたり、待っているだけではなく、自分の目の前にある問題に気づいた人が、どうすればいいか考え、自ら動きを起こす。ひとりでも何らかの行動を起こせば、同じ問題意識や同じ価値観を持った者（個人でも組織でも）同士がつながり、〝コラボ〟が生まれる。

そんな市井の僕たちの動きが、社会問題の解決や社会変革の担い手として、じわじわ影響力を増してきているように、自分の活動を通して強く感じている。

最近ではデモが注目されているが、昔のような過激派のイメージはまったくなく、多世代がときに子ども連れで民意を伝えるべく、楽しみながら集まっているのが面白い。そしてその場でも、市井の人びとの動き、特に若い世代の力や可能性を感じている。「民」が「主」となって新しい価値観をつくる時代なのだ。

そして僕たちにできること、やるべきことは次世代にピープルデザインを伝えていくことでもある。いま、僕が最も力を入れていることのひとつである、大学での教育についても紹介したい。

PEOPLE DESIGN

国内外の大学で次の潮流をつくり出す

世界の若者にピープルデザインを伝える

近年、国内外の複数の教育機関から「ピープルデザインをテーマに講義をしてほしい」という依頼を相次いでいただいている。

海外は、オランダのTU Delftデルフト工科大学。国内は、慶應義塾大学商学部と滋賀大学経済学部などだ。すでに実施した授業について、どんな内容か紹介しよう。

まずはオランダでの取り組みから。

きっかけは、2010年5月から10月まで開催された上海万博での「Life Science Week」というシンポジウムに、オランダと中国からゲストスピーカーとして招かれたこと。

「福祉という領域に、これまでにない新しいアプローチで挑んでいる日本人がいる」と注目され、両国の政界人や研究者などの有識者に混ざって、唯一の日本人として20分スピーチを行った。福祉や医療の世界には、それまで送り手としてかかわることはなかったのだが、自分が取り組んでいたネクスタイドの実績とピープルデザインの思想は、福祉や医療分野の社会問題を、いままでにない斬新な方法で解決しているように映ったらしい。

スピーチ終了時には、会場から大きな拍手をいただき、終了後のパーティーで、デルフト工科大学の学長、Dirk Jan van den Berg（ディーク・ジャン・ヴァン・デン・バーグ）氏から「うちの大学で授業をしてほしい」と言われた。自分で言うのも何なのだが、まるで映画のような展開にドキドキした。

当初、翌年の2011年3月に招聘《しょうへい》を受けていたのだが、東日本大震災が起こり、授

オランダ・デルフト工科大学のMBAコースの学生たちと

業に出向くことができなかった。しかし、僕の授業を楽しみにしていた学生たちに申し訳ないと思い、12月に仕切り直してオランダに飛び、1日だけの特別講義を行うことになった。

受講者は、Industrial design（工業デザイン）を学んでいる学生や、Human Ergonomics（人間工学）と呼ばれる人間工学をデザインしている学生たちだ。

当初、十数人の予定だったが、100人以上の学生が受講してくれるという。その関心の高さに驚いたが、経済状況によるEU圏の雇用環境が厳しさを増す中で、彼らは「社会課題を解決するデザイン」という新しい領域で、モノ、コトをつくり出すデザインのコンセプトを真剣に学びたいと思っている様子で、その本気の眼差しに圧倒されたことは記憶に新しい。

たった1日の授業だったのだが、予定時間終了後も質問に訪れる学生たちの列が途切れることはなかった。「オランダで暮らして、この大学で教鞭を執る気はないか？」という相談を大学側から受けるに至り、オランダ人の即断力と懐の深さには恐れ入った。さすが、安楽死をどの先進国よりも先に認め、同性婚を他国に先んじて合法化したアグレッシブな国だ。

デルフト工科大学には世界中から優秀な若者が集まっている。ピープルデザインの思想を広く世界に伝えるには絶好のチャンスだ。正直悩んだが、クライアントと進行しているプロジェクトが複数残っており、日本でやるべき仕事が山積していた僕は、「長期間は無理だが、時期をこちらで決められて短期集中で展開できる方法であれば」と、大学側に伝えた。そして、２０１２年下期、ＭＢＡコースでピープルデザインの授業を行うことになったのである。

オランダ、フランス、イタリア、ギリシャ、台湾、中国、韓国、アメリカと、集まった学生たちの国籍も多様だった。

２０１２年９月から２０１３年１月の５カ月間中、計４回、オランダに通った。各２日

世界各国から集まった、デルフト工科大学の学生たちによるプレゼンテーションの様子

ずつ集中授業を行う。３グループに分けたコンペティション形式で、オフィス家具大手の株式会社岡村製作所の支援を受けながらピープルデザインを用いたオフィスインテリアのデザインをテーマにした。最終的には、グループ別と個人別のデザインプレゼンテーションの実施をプロトタイプとし、全学生を評価した。

期間中、おおむね１・５カ月に一度、授業の前日にオランダに飛び、授業が終わるととんぼ返り。そんな状態で日本での仕事と並行しながら授業を行うのはとても充実していた一方で、かなりハードだった。

授業の準備、学生に提出してもらった論文や資料のフィードバック。もちろんすべて英語だ。このタームの終了後、ありがたいことに2013年下半期のオファーもいただくことになった。半年、あるいは年間タームでのデルフト工科大学での授業は本当に素晴らしい。だがしかし、片手間ではできない。これは現地に腰を落ち着けて、取り組まなくてはできない内容だと実感し、2013年は保留とした。

現在、デンマークとフィンランド、そしてニュージーランドの大学からもオファーをいただいている。サマースクールなどでの短期で完結するレクチャーとワークショップ形式を提案し、日程を調整中だ。

このように、ここ数年は、まったく予想もしていなかったアカデミックなステージからの要望が増えてきていることに、自分でも驚いている。

慶應義塾大学で渋谷フィールドワーク型授業

次に、日本の大学での取り組みを紹介しよう。

国内では、慶應義塾大学商学部と滋賀大学経済学部の学生の皆さんに対して、ピープルデザインをテーマに講義をした。いずれも、これまでのネクスタイドの活動実績を例に、目の前にある社会課題の解決という行為を経済に直結させて考えていくということを主眼にレクチャーしている。

慶應義塾大学では、商学部の牛島利明教授にご協力をいただきながら、牛島ゼミの中で「ピープルデザイン研究室」を設け、3年生の学生たちとともにピープルデザインの可能性をフィールドワークの中から探る授業を行った。

2011年から始まったプロジェクトで、1年ごとにテーマを設け、渋谷をフィールドに調査研究、課題解決に向けた方策を提案してもらうスタイルをとってきた。これまでのテーマとしては、「City For All プロジェクト」と題し、バギーを押す子ども連れのお母さんや車いす利用者のアクセシビリティを考える調査として、「車いす利用者向けルートマップ作成」や「ピープルデザインなお店調査」などを実施した。

また、「Entertainment For All プロジェクト」として、音声ガイダンスを使った映画上映に合わせ、集客率を上げるための企画立案と実践などに取り組んだ。

慶應義塾大学は、ピープルデザインの活動に国内では一番最初に関心を持ち、僕たちを授業に招いていただいた大学である。初代の受講生の皆さんをはじめとして、現在でもイベントがあるたびにボランティアとして参加してくれる学生、卒業生が多い。

滋賀大学でのピープルデザインプロジェクト

滋賀大学での取り組みはユニークなものだった。

滋賀大学経済学部のピープルデザイン授業は、中野桂教授のコーディネートで実現した

2013年度の上半期に行った全3回のシリーズ授業。初回は500人前後の経済学部の学生に、ピープルデザインの考え方や実施事例をレクチャー。「やる気のないやつは帰っていいぞ」などと刺激的なことを言い放ったりしながら、「ピープルデザインなモノづくり、コトづくり、マチづくり」をテーマに、2カ月に一度通った。ホールでの授業後のひとコマで、自ら手を挙げた少数精鋭の16名の学生たちと「プロジェクト授業」と銘打った企画を立ち上げた。

実は同時期、前に紹介した映画『劇場版タイムスクープハンター　安土城最後の1日』の撮影を滋賀の安土城で行っており、これに関連したテーマを授業にしたのだ。

「地域の活性化につながる、この映画のプロモーションをピープルデザインの発想で考えよ」というのがその課題。

16人を3グループに分け、検討した企画を発表してもらった。学生ゆえに当たり前なのだが、熱意はあるものの、採算性やコスト感覚が非常に弱い。単純に、内容が思いつきの域を出ていなかったり、詰めが甘かったりで、何度もやり直しをさせられる。それでもなんとか最後までついてくる姿はなかなかだった。紆余曲折を経て最終的に、ひとりの男子学生中須俊治君のアイディアをかたちにすることが決まる。

彼の企画の内容は、地域高齢者とコミュニティをつなぐためのツールとして、本作品の映画を活用するというもの。

滋賀大学は彦根市にあるのだが、このマチもほかの地域同様高齢化が進み、ひとり暮らしの高齢者が増えており、有料老人ホームで余生を過ごす人も多いという。

彼のリサーチによると、多くのお年寄りにとって、ホーム内での暮らしは安心かもしれないが、さまざまなしがらみがあって快適とはいえないケースもよく見られるという。人間関係のやっかみや嫉妬、恋愛感情などがうずまき、おだやかな日々ばかりではないこともあるそうだ。

映画というコンテンツは、世代を超えて楽しめる。映画館に行くとなると、普段は施設で楽な格好をしている人も、着る物に気を配ったりしてお化粧してヘアスタイルも整えて出かけようと思うだろう。そうした意識が、お年寄りの気持ちにハリや華やぎを与えてくれるのではないか。

彼はそこに目を向けた。

あの閉鎖的な空間の中に留まっているおじいちゃん、おばあちゃんを外に出してあげたい。まるで、デートしているような気分で。できれば、映画に合わせた時代物の衣裳など着て……。そのきっかけとして、「映画」は高齢の方々にも有効だと。

そこで、たくさん人が集まる近江八幡のイオンシネマを舞台に、地域のお年寄りの方々に「デートに映画を観に行きませんか」という切り口でイベント提案したのだ。

『タイムスクープハンター』は年齢層の高い人たちも楽しめる〝歴史もの〟だ。しかし、単に映画を観に行くだけのデートではつまらない。映画を観に出かける際にはモデルになってもらい、学生がつくる戦国時代を模した着物を着てもらってコスプレも楽しんでもらうのはどうか――。などなど、気持ちが前面に立った〝情熱的〟な企画だった。

その熱意に応えるべく、監督やプロデューサーに直接プレゼンする機会を用意した。おふたりは「面白い！」と対話の時間をとってくださり、映画で使用した劇中衣裳などの提供を即決してくれたのだ。そして、2012年9月。映画で使用された衣裳や、映画にちなんだ陶器などを映画館で展示しながら、彼の企画は苦労の末に実現をみた。

大学生たちとのかかわりにおいて、企画されたイベントの成否が重要なわけではない。ピープルデザインという、聞いたこともない〝よくわからない〟切り口を、イベントで具現化しようとする途上で、普段は言葉すら交わさなくなって久しい高齢者のことを考えたり、会話をしたりしたはずだ。そう、〝接触〟したのである。普通の生活時には分かれて暮らしているケースが多い、マイノリティである高齢者との接触頻度が結果として上がったのだ。

僕が学生たちに伝えたいことは、知識としての「ピープルデザイン」ではなく、実は普段ふれあうことのない〝マイノリティ〟との接触の場と経験なのである。そしてピープルデザインという考え方そのものが学びの場においては、マイノリティと混ざり合うツールとしての役割を持つということも。

選択肢を増やせ、世界は広い

ここ数年、就活や雇用に関する情報を聞くにつけ、閉塞感を抱く学生は多いはずだ。企業だけでなく、国家という単位での課題も山積している。具体的かつ長期的な展望を見出すことができない人も少なくないだろう。

歴史を振り返れば、時代や価値観の転換期前夜に共通する要素として、不確実性という空気感が、市井の人々に蔓延していた事例を、数多く見ることができる。

これは何も福祉だけに限った話ではないが、長引く不況で閉塞感が漂っているが、それが僕たちの気持ちまで〝鎖国状態〟にしていないだろうか。過去12年間の活動の中で知り合った海外の仲間たちとの交流や彼らの思考と行動を通して、考え方が縮こまったり、保守的になったり、最近の日本は少し元気がないように思えてしまう。「これから」を考える上で日本の中だけでのモノサシで測るのではなく、外に出ることのできる人はどんどん出ていくべきだと思うし、そこから日本を改めて見直してほしいとも思う。いままで学んだことを大切にしながらも、また新たな視点を獲得してほしいと強く願っている。それがまさにいまではないかとも。

必ずしも、会社は働く人を守ってくれない時代になった。そして、いまの福島を見る限り、どうやら国も、国民を助けてくれない場合があるようだ。ならば、逆に僕たち自身で人を、社会を助けることを始めよう。

日本の未来と「社会」をつくるのは、「政治」や「会社」ではなく、むしろあなた自身であり、僕たち一人ひとりなのだ。

いまだ出会っていない日本の若い人たちに、改めて僕がメッセージしたいことは、できない理由や、やらない理由を列挙するようなつまらない大人にだけはならないでほしいということ。

これからも幾度となく訪れるかもしれない目の前の試練や不条理。

それは可能性への入口だ。ときに、避けることも大切だが、正面からそこに向き合い、解決に向けた具体的な行動を始めよう。キーワードは「当事者」であり、「主体者」である。原体験や原風景、あなた自身が自ら直面する「マジかよ……」にこそ最大のヒントがある。

まずは動いてみることだ。

Plan Do Check Action.

会社員時代、「ＰＤＣＡ」というフレーズをよく耳にした。いまこそ「ＤＣＰＡ」であるべきだ。計画するのは後でいい。まずはやってみよう。すべてはそこから始まる。

PEOPLE

エピローグ
仕事はすべて「未来」のためにある

DESIGN

06

未来を担う子どもたちを対象とした、ブラインドサッカー体験「スポ育」

利己的な満足から、家族、そして誰かの幸せ

僕たちの活動は、「息子の幸せを願う父親の気持ち」という私的な思いからスタートした。次男の存在が、僕の働く意義を決定づけたのは事実だ。

次男が成長し、社会に出たときに、幸福を感じながら、多くの友と生きていけるか。はたして法整備と物理的なバリアの解消、そして障害年金だけで本人は自立しうるのか。将来をイメージしたときに、どう考えても、マイノリティに対する意識のバリアがあるいまの日本社会のままでは、彼の幸せは思い描けなかった。

ならば、自分でこの状況を変えていきたい――。

手がけるすべての事業は、目の前に現れるさまざまな「不安」への問いとその当事者としての答え探しとして始まった。これまで数多くの失敗や失望を繰り返し、その打率は1割にも満たないくらいだ。

仕事と人生、公と私。「ワークライフバランス」と呼び、そのふたつを分ける向きもあるが、僕にとってそれこそこのふたつは混ざっている。というよりも、むしろ同一線上でいま、仕事と人生、公と私は混ざり合い、重なり合うに至った。

働き方は生き方そのものであるとも思っている。

自分と家族の幸福感を求めるための手段が、自分にとっての「仕事」になったとき、僕の場合はおのずと大切にするものや、やるべきことが見えてきた。

大切なものは、お金や肩書きではなく、時間だといまは確信を持って言える。

今日まで生きてきた中で〝当たり前〟だという前提で享受してきたさまざまなものごとは、先人たちが礎を築いてきたものごとであろう。ならば、ひとりの市民として、また、職業人として次の世代に自信を持って渡せるものごとを、自らの手でさらに磨き、つくっていくべきであるはずだ。

僕の場合、それを具現化するための〝乗り物〟がフジヤマストアやネクスタイドという自分の会社であり、ピープルデザイン研究所というNPO法人なのだ。

「意識のバリアを壊し、ハンディのあるなしにかかわらず、みんなが自然と混ざり合う社会をつくる」という目的。その手段としてのファッションやデザイン、エンターテインメントやスポーツなどのコンテンツ。それらをツールに、マイノリティに寛容なダイバーシティを実現する「行動」を発動するデザイン。ピープルデザインとは、心のバリアフリーをクリエイティブに実現するための思想と方法論そのものなのである。

言い換えれば、自分が取り組んでいるのは、「未来をつくる仕事」とも言える。

自分や家族の幸せをつくるための仕事であり、これを追求していくことが、結果的には人々の幸せをつくる仕事になると信じながら、僕は、「未来」という道しるべをたよりに、前に進んでいるのだ。

何に「仕える」のか

2011年、違う角度から生きるとはどういうことか、また「仕事とはなにか」を見つめ直さざるを得ない出来事が起きた。

3月11日、東日本大震災。東北・関東の広範囲に及んだ被害は、4年目を迎えようとするいまも、いまだ「復興」とはいえない状況が続いている。まるで「なかったことのような」振る舞いや思考も毎日の生活空間の中で散見され、胸が痛い。

妻の実家は福島にある。震災後も何度か東北には足を運んでいるが、原発事故や放射能について話すことをはばかる空気感も強く感じる。まだ除染もままならず、除染後の放射性廃棄物処理もそのゴールは見えない。大きなハンディキャップを抱えたままである。

かつて「貢献」といえば、経済大国である日本が災害や紛争で困っている人びとや国、そして地域を支援する、というように思われていた。しかし、今回の震災で世界中から支援を受けることになった僕たちは、自分たちだってハンディキャップを抱える存在、つまりマイノリティになり得るのだということを知ることになった。

また、「復興なくして成長なし」とのかけ声は聞かれるものの、経済最優先の政策が主で、市井の人々の声はなかなか反映されない。経済発展こそが復興への近道であるかのような論調は多いが、福島の現状のみならず、増え続ける国の借金や社会保障問題など、多くの課題は先送りされているのも周知の通りだ。都合の悪い現実を「見ない」、あるいは「見せない」ようにしながら、次世代にツケを回すかのような現在のあり方には、一人の市民としても多くの疑問を感じている。

ではこの日本で、自分はどうあるべきなのか。仕事を通して何ができるのか。また何をすべきなのか。震災以降、そういうことをより深く考えるようになった。

仕事とは「仕える事」と書く。

何に仕えるのか。そのシンプルな問いを自分に立ててみた。会社員時代は特に深く考えたことはなかったが、それでも何となく「会社」に仕えるものだと思っていた。その対価として金銭の報酬を得る。つまり、「お金」と「立場」という自分の利益と直結していたわけで、結局「自分」に仕えていたといえる。

それが、独立してからは「家族」になった。「お金」と「立場」は、実は生きるための手段にしかすぎず、その獲得は必ずしも目的にならないことを知った。なによりも「時間」というものの価値を、次男に気づかせてもらったことは幸運だった。

そして、あの震災を体験し今日に至ったいま、「国」というものへの意識が僕の中では強くなっている。しかし、現在、議論になっている教科書で謳うべきとされ始めた「愛国心」とは異質のものだ。大きなコミュニティ、ある意味での「大きな家族」たる国をつくるとはどういうことなのかという意識だ。

多くの人が「日本はこの先、いったいどうなってしまうのだろう」と感じていると思う。普段、言葉には出さなくとも、うすうす感じている人も多いはずだ。一方ではまた、正面からそのような議論をすることを躊躇するような空気もある。元来楽天的な僕も、いま現在明るい日本の未来をイメージすることができないでいる。正直にいえばかなり悲観的だ。しかし、生きていく上で、目を背けてはいけない現実がある。ときにつらく、不条理とさえ思えるそれ。

わが家の場合も、五人の家族がそれぞれに、何度となくあったし、これからもあるだろう。その時々にいますべきこと、いまだからできることがある。先送りしてはいけない課題があると思うのだ。

今回、多くの犠牲から、「想定外」を「想定」しなければいけないことを学んだ。いままでの「常識」に縛られるのではなく、また悲観的な状況下にあっても、なお逃げずに正面から向き合う姿勢はより強く求められている。

だからこそ、僕たち市民一人ひとりが自分事として未来に貢献すべきときなのだと思う。失うものへの怯えや依存から脱却し、当事者として自らで考え、主体者としてそれを行おう。それぞれの気づき、専門性や職能を、次世代の将来へと想像力を駆使して持ち寄るべきときである。

この国の未来。

それはすなわち、僕やあなた、そして子供たちがつくる未来である。次の世代にバトンを渡す行為こそが、僕たちにとっての最大の「仕事」であるはずだ。自分以外の誰かのために、小さな行為から始動させよう。心と体を動かそう。僕たち市民の小さな行為や次世代に自信をもって渡せるバトンの連鎖が、やがて大きなムーブメントを起こして行くと信じている。

「仕える」べきは子供たちの未来である。

謝辞

最後にお礼を述べさせていただきたい。

本書をCCCメディアハウスから出版できることを嬉しく思う。2002年、ソーシャルプロジェクト、ネクスタイド・エヴォリューションがまだ企画書段階だった頃のこと。僕はなけなしのカネをはたいて、このプロジェクトに参加表明してくれた初代クリエイティブ・ディレクターのジェフ・ステープルを筆頭に、10名余りのトップクリエイターたちを世界各国から招いた。中目黒のギャラリーを借りてプレゼン目的のアート展「Nextide, Find Answers」を主催した。そのイベントの告知を最初に取り上げていただいたのが、雑誌『フィガロジャポン』『Pen』、そして『Newsweek日本版』だった。そう、当時社名がTBSブリタニカであった現在のCCCメディアハウスなのである。

今日まで出会った、直接間接問わず、すべての方々にはどれほど感謝してもしきれない。

そして、よき妻と三人の子どもたちに恵まれた幸運。

彼らに、人生は彩りに満ちたものだと伝えたい。

そして本当の最後に。本書の売上げ印税は全額、ＮＰＯ法人ピープルデザイン研究所の活動に使わせていただくことで、ピープルデザインのさらなる普及に努めたい。

２０１４年２月23日

須藤シンジ

[著者]
須藤 シンジ（すどう・しんじ）
1963年生まれ。明治学院大学卒業後、大手流通系企業で宣伝、バイヤー、店次長などを経て、現在、有限会社フジヤマストア／ネクスタイド・エヴォリューション代表取締役社長、特定非営利活動法人ピープルデザイン研究所代表理事。次男が脳性麻痺で出生したことで、人びとが持つ「意識のバリア」や従来の福祉のあり方をファッションとデザインの力で壊す取り組みを行っている。提唱している「ピープルデザイン（PEOPLE DESIGN）」とその活動は近年、諸外国からも注目されている。

構成……山田真由美
校正……円水社
DTP……朝日メディアインターナショナル

意識《いしき》をデザインする仕事《しごと》

「福祉《ふくし》の常識《じょうしき》」を覆《くつがえ》すピープルデザインが目指《めざ》すもの

2014年4月 8 日　初版発行
2019年8月28日　２刷発行

著者………………須藤シンジ
発行者…………小林圭太
発行所…………株式会社 CCCメディアハウス
〒141-8205 東京都品川区上大崎3丁目1番1号
電話 販売 03-5436-5721
編集 03-5436-5735
http://books.cccmh.co.jp

印刷・製本…図書印刷株式会社

　ISBN978-4-484-13242-6